Contraste Insuffisant
NF Z 43-120-14

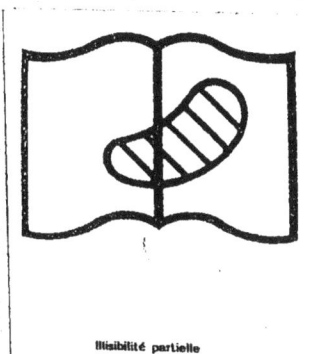

Illisibilité partielle

Valable pour tout ou partie
du document reproduit

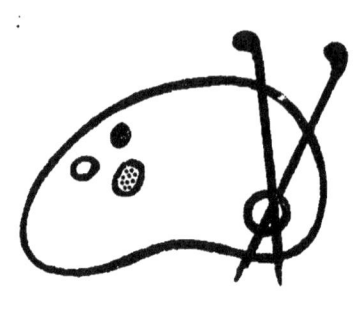

Original en couleur
NF Z 43-120-8

*Clément-Simon.*

# CÉLÉBRITÉS
DE
# LA VILLE DE BRIVE

LES DE LESTANG
LES MEYNARD DE LESTANG
LES POLVEREL

*Avec portraits et fac-simile*

PAR M. G. CLÉMENT-SIMON

**PARIS**
HONORÉ CHAMPION, LIBRAIRE
9, quai Voltaire

Couverture inférieure manquante

*À monsieur Léopold Delisle.*
*membre de l'Institut*
*Respectueux hommage de l'auteur*

# CÉLÉBRITÉS
## DE
# LA VILLE DE BRIVE

Extrait du Bulletin de la *Société Scientifique, Historique et Archéologique de la Corrèze* (siège à Brive), t. XIV.

BRIVE, IMPRIMERIE ROCHE

# CÉLÉBRITÉS

DE

# LA VILLE DE BRIVE

LES DE LESTANG
LES MEYNARD DE LESTANG
LES POLVEREL

*Avec portraits et fac-simile*

Par M. G. CLÉMENT-SIMON

**PARIS**
HONORÉ CHAMPION, LIBRAIRE
9, quai Voltaire

# CÉLÉBRITÉS

DE

# LA VILLE DE BRIVE

LES DE LESTANG
LES MEYNARD DE LESTANG
LES POLVEREL

### LA FAMILLE DE LESTANG

Antoine de Lestang, président au parlement de Toulouse, Christophe de Lestang, évêque de Carcassonne, ont leur place parmi les nombreuses illustrations dont s'honore la ville de Brive, mais leur notoriété ne s'arrête pas à la frontière de leur petite patrie, ils ont joué un rôle dans l'histoire générale, Henri IV a dû compter avec eux, conquérir leur amitié et leurs services; ils méritent mieux que la courte notice que leur consacrent les dictionnaires biographiques. Leur famille est peu connue quoiqu'elle ait marqué pendant un temps en Limousin et en Languedoc, et ait fourni à ces deux pays nombre de personnages dignes de mémoire. Étienne de Lestang, père du président et de l'évêque, les Maynard de Lestang, les Polverel leurs neveux, qui leur durent leur élévation, ont droit à un médaillon à côté de leurs portraits.

Les de Lestang, anciennement Guilhon de leur nom patronymique, étaient originaires de Donzenac. Leur établissement à Brive ne remonte qu'aux dernières années du xv° siècle. Ils prétendaient appartenir à la noblesse de race et se rattachaient par une aïeule à la maison de Monteruc, de la proche parenté d'Innocent VI, et qui donna au xiv° siècle deux cardinaux à l'Église. Christophe de Lestang, nommé par Louis XIII commandeur de l'ordre du Saint-Esprit, fut tenu, aux termes des statuts, de faire preuve qu'il était gentilhomme de nom et d'armes de trois races pour le moins. Ces preuves devaient être reçues par les cardinaux de Tournon et de Gondi, qui déléguèrent pour les remplacer les sieurs de Pompadour et de Reilhac, ce dernier chevalier de l'ordre. Le sieur de Reilhac fut empêché et Philibert de Pompadour, vicomte de Pompadour et baron de Treignac, procéda à la vérification avec l'assistance du procureur du roi près la sénéchaussée de Tulle. Étienne Baluze, avocat, grand-père du savant bibliothécaire de Colbert, fut chargé par l'évêque de Carcassonne de présenter ses titres et de les faire valoir. Le procès-verbal est daté à Treignac des 1er-8 mai 1617. Nous nous bornons à le résumer et à le coordonner, car il y règne un certain désordre qui n'était peut-être pas involontaire.

Les preuves de l'évêque remontent jusqu'à son trisaïeul qui était :

Noble François Guillerius (en français Guilhon), écuyer, de Donzenac, qui épousa le 25 juillet 1416, au château de Limoges, Marie de Monteruc, fille de feu noble Pierre de Monteruc et nièce de Ranulphe de Monteruc, cardinal de Sisteron. François Guilhon fit, le 7 avril 1453, son testament par lequel il apportionna Charlotte et Marie de Guilhon ses filles, et institua pour son héritier universel Bertrand de Guilhon son fils.

Noble homme Bertrand Guilhon, seigneur du Theil et du Pouget, paroisse de Donzenac, patron de la vicairie de Saint-Calmine dans l'église de Laguenne (près Tulle), épousa par contrat du 21 novembre 1461, damoiselle Charlotte de Cousages, fille de feu noble Jean de Cousages et de D<sup>lle</sup> Catherine de Mazières. Le 30 décembre 1499, il fit son testament par lequel il lègue à François de Guilhon son fils cadet, son repaire de Guans, et institue sa femme son héritière universelle, à charge de rendre l'hérédité à Denis-Martial de Guilhon son fils aîné. Il fait mention de son frère *Anthonius Guillerius*, protonotaire du Pape, abbé de Beaulieu, lègue au chapitre de Tulle 100 écus d'or, à l'hôpital de Tulle 100 écus d'or, et choisit sa sépulture dans la chapelle de sa maison de Guilhon au couvent de Saint-François, près la ville de Donzenac.

Noble DENIS-MARTIAL DE GUILHON, écuyer, seigneur du Pouget, Laval, etc., épousa le 27 septembre 1502, au château du Pouget, D<sup>lle</sup> Marie de Lestang, fille de noble Jean de Lestang, écuyer, seigneur de Lestang et du Vialar, et de D<sup>lle</sup> Suzanne de Saint-Martial. Il fut convenu que l'aîné des enfants issus de ce mariage porterait les noms et armes de Lestang. Denis-Martial de Guilhon fit son testament le 17 octobre 1572 (1) à Donzenac. Il lègue à chacun de ses fils puînés Jean, Pierre et Martial, 5,000 livres, à sa femme 30,000 livres, et institue héritier universel son fils aîné Étienne, à la condition de porter les nom et armes de Lestang (2).

ÉTIENNE DE GUILHON dit DE LESTANG, avocat, puis lieu-

---

(1) Ma copie porte 1592, mais ce doit être une erreur soit de l'original soit de la copie. En 1592, Denis-Martial, marié en 1502, aurait été plus que centenaire. Je rectifie un peu au hasard, c'est peut-être 1562 qu'il faudrait lire. On verra tout à l'heure que les erreurs de divers genres ne manquent pas dans ce procès-verbal.

(2) Ce qui fut fait. Étienne et ses fils Antoine et Christophe délaissèrent le nom de Guilhon et ne portèrent que celui de Lestang. Quant aux armes, Antoine prit simplement l'écu des Lestang : d'azur à deux brochets d'argent en fasce. Christophe adopta un écusson plus chargé. D'après l'ouvrage : *Les armes et blasons des chevaliers de l'ordre du Saint-Esprit, créés par Louis XIII* (Paris, 1623), il portait : « Écartelé, au premier et dernier d'azur à deux poissons d'argent qui est de Lestang, aux 2 et 3 de sable au rocher d'or qui est de Juyé, sur le tout d'or à la face de gueules accompagnées de trois trèfles de sinople. » Il associait ainsi les armes paternelles et maternelles, ce qui était d'un usage fréquent. Quant à l'écusson posé en abîme, s'il n'y avait pas souvent une part de fantaisie dans ces blasons d'anoblis, il y aurait lieu de penser que c'est l'écu des Guilhon primitifs. Mais nous n'en avons pas la preuve.

tenant général de la sénéchaussée et président du présidial de Brive, obtint par lettres royaux du 12 mars 1533, l'autorisation de prendre le nom de Lestang. Il épousa par contrat du 15 janvier 1537, passé au château de Cosnac, D<sup>lle</sup> Louise de Juyé, fille de noble Antoine de Juyé, seigneur de la Marque, et de D<sup>lle</sup> Jeanne de Selve. Le 29 septembre 1581, il fit son testament dans lequel il nomme six enfants : Antoine, Christophe, Léonard, Jeanne, Antoinette et autre Antoine. Il élit sa sépulture aux Cordeliers de Brive. A son fils Christophe, alors évêque de Lodève, il lègue sa bibliothèque « avec belle recommandation » et la somme de 1,000 écus. Il fait mention du mariage de sa fille Antoinette avec feu Guillaume Polverel, en son vivant valet de chambre du roi. Sa femme Louise de Juyé est instituée héritière universelle, à charge de rendre l'hérédité à leur fils aîné Antoine. Il désigne pour exécuteurs testamentaires Antoine de Lestang, président et lieutenant général de Brive, et Étienne Verlhac, conseiller du roi et lieutenant particulier au même siège, son beau-fils.

Les preuves furent trouvées bonnes. Étienne Baluze, le savant, nous les a conservées dans ses armoiries et, naturellement, pour l'honneur de son grand-père qui avait plaidé la cause, il les accepte comme véridiques (1). Il a reproduit cette généalogie dans ses notes sur les Vies des papes d'Avignon, et elle est ainsi devenue comme inattaquable.

Nous ne voulons pas chicaner sur la noblesse des Lestang, la question est de bien peu d'importance. Mais nous ne voudrions pas davantage avoir l'air de prendre pour parole d'évangile une série d'énonciations, apocryphes pour la plupart. Cette généalogie est à vérifier en entier parce que plusieurs de ses parties sont démontrées absolument fausses. Les Guilhon, soi-disant écuyers du xv<sup>e</sup> siècle, ne se rencontrent nulle part (2), ne comparaissent

---

(1) Bibliothèque nationale, fonds Baluze, t. 263.
(2) On trouve pourtant en 1482 (copies d'actes à la Bibl. nat., nouv. acquis. lat. 1068) *nobilis vir Bertrandus Guillo, thesau-*

dans aucune des montres militaires de l'époque. Notamment, ils ne figurent pas dans la montre générale de 1470, où il y eut très peu de défaillants, parce que c'était le sévère Louis XI qui convoquait. Les de Lestang, nobles des environs de Brive vers 1500, sont tout aussi obscurs. Mais voilà qui est plus positif. L'évêque de Carcassonne produit devant le commissaire le contrat de mariage de son père Étienne de Guilhon avec Louise de Juyé, qui est dite fille de noble Antoine de Juyé et de Jeanne de Selve. Ce contrat est assorti d'autres pièces qui tendent à établir que cette Jeanne de Selve était sœur du fameux Jean de Selve, premier président du parlement de Paris, négociateur du traité de Madrid (1). Ici la falsification matérielle

---

*rarius pro domino nostro Petragoricen.*, qui est aussi mentionné dans les Preuves, sous la date de 1474, sans être rattaché à la filiation. Ce trésorier du roi pourrait être le même personnage que le Bertrand Guilhon, marié en 1461. La qualification de *nobilis*, différente de celles de *domicellus, scutifer, miles,* dans un acte isolé peut être due au prestige de la fonction de trésorier du roi vis-à-vis d'un notaire déférent. Dans le même acte figure Martial Guilhon, juge de Donzenac pour le comte d'Auvergne. — Antérieurement, dans un acte de 1465, il est fait mention de discret homme Bertrand Guilhon, notaire royal de la cour des baillages de Brive et d'Uzerche. Quelques années plus tard, en 1475, Martial Guilhon qui paraît être fils du précédent, est dit juge de Donzenac. En 1487 sont cités : vénérable et religieux homme Frère Pierre Guilhon, prieur de Saint-Xantin de Malemort, et M⁰ Jean Guilhon, notaire public du lieu de Malemort. — Une branche des Guilhon resta à Donzenac, établie au village du Theil, soi-disant seigneurie. Noble Jehan Guilhon, sieur du Theil, vivait en 1600. Jean de Guilhon, écuyer, sieur de la Porte, résidait au lieu du Theil en 1668. Mais il fut condamné comme usurpateur de noblesse lors de la vérification de 1666. On trouve en effet dans l'État des condamnés par défaut pour usurpation de la qualité d'écuyer dans l'élection de Brive, la mention suivante : « Jean Guilhon, sʳ de la Porte, par. de Donzenac, 2,000 livres. Avoit été condamné par dérogeance. Il a eu des lettres de réhabilitation dont il poursuit l'enregistrement à Clermont. » (Pièces de mes archives.)

(1) Ainsi on lit dans les Preuves : Jean de Selve, père du sieur président et de Marguerite de Selva, aïeul desd. Louise et Sébastien de Juyé, avait marié lad. Marguerite avec Pierre Juyé, sieur

n'est pas douteuse. La mère de l'évêque, Louise Juyé, était fille d'Antoine Dioudelle dit de Juyé, marchand et bourgeois de Tulle, et de Michelle Vialle. J'ai sous les yeux l'expédition authentique du testament d'Antoine Dioudelle en date du 13 avril 1529. Il y nomme sa femme, Michelle Vialle, ses enfants, au nombre desquels Louise non encore mariée. Voilà comment le testateur est qualifié : *Constituto et existente in grabato suo, probo viro Anthonio Dioudelle dit de Juyé, mercatore et burgense Tutellæ* (1).

L'évêque de Carcassonne ignorait-il donc le nom de sa grand'mère maternelle, de la mère de sa mère : Michelle Vialle ? Celle-ci se rattachait aussi pour sa part à un illustre personnage, plus illustre même que Jean de Selve, mais d'une mémoire moins pure. Elle était propre nièce du chancelier Duprat, par sa mère Anne Duprat (2). L'évêque voulait bien passer pour le fils d'une sœur de Jean de Selve, mais ne renonçait pas à sa qualité de petit-neveu du chancelier. Parmi les pièces produites figurent des : « Lettres missives de M⁽ʳᵉ⁾ Antoine Duprat, chancelier de France, au sieur Étienne de Lestang, avocat, son

---

du Clou, et par le contrat avait fait renoncer lad. Marguerite à tous droits paternels..... — Transaction entre le sʳ Président (Étienne), mari de lad. Louise de Juyé, *en cette qualité* et comme procureur de Sébastien de Juyé, ambassadeur en Espagne, frère de Louise, et noble Jean de Selve, faisant pour et au nom des héritiers de M⁽ʳᵉ⁾ Jehan de Selve, premier président de Paris, pour raison des biens restant à partager dans la succession du père dud. premier président (*sans date indiquée*). — Il n'y a pas un mot d'exact dans tout cela. Le père du premier président se nommait Fabien de Selve et non Jean. Il n'eut aucune fille du nom de Marguerite. Pierre Juyé ne fut pas son gendre. — Louise Juyé ne tenait en rien à la famille de Selve, mais elle avait un frère, Sébastien Juyé, qui épousa une petite-nièce du premier président. La descendance de Fabien de Selve, notaire à Laroche, qui eut douze enfants, est parfaitement établie par le dossier de Selve au Cabinet des manuscrits de la Bibliothèque nationale.

(1) Antoine Juyé, d'après ce même testament, était fils de Pierre Juyé, marchand de Tulle, et d'Antoinette Timbaut.

(2) Lainé, *Arch. généal.*, t. VI, généal. du Prat.

neveu, contenant instructions pour s'élever à la vertu. »
Rien de plus plausible qu'une telle communication d'oncle
à neveu. Mais Antoine Duprat était mort depuis plus de
deux ans, lorsque Étienne de Lestang épousait sa petite-
nièce Louise de Juyé. La mort du chancelier est de 1535,
le mariage d'Étienne est de 1537 (d'après les Preuves, en
réalité de 1538). La lettre était donc aussi apocryphe.

C'est peut-être aller un peu loin que d'appliquer à
l'ensemble des articles de la généalogie de Lestang la
maxime : *ab uno disce omnes;* mais ces erreurs de filiation et ces anachronismes dans des degrés si rapprochés
jettent du doute sur les lignes plus reculées. Ces généa-
logies menteuses ne sont point rares. Les archives du
Saint-Esprit, de Malte, des chapitres nobles en étaient
bourrées. Tous les anoblis s'ingéniaient à prouver qu'ils
étaient nobles de race, et la plupart réussissaient, à l'aide
de complaisances que le pouvoir ou la fortune rencontrent aisément. La critique historique a pour devoir,
même en ces questions d'ordre secondaire lorsqu'elles se
présentent sur son chemin, de remettre les choses en leur
place. Ces redressements, dont l'occasion est fréquente,
ont d'ailleurs une portée générale au point de vue de la
connaissance de l'ancienne société. En dehors du travers
qu'elles signalent et qui est bien connu, elles montrent
que l'accès des dignités et des honneurs n'était pas aussi
fermé au tiers-état qu'on a coutume de le prétendre. Le
dicton : « Bourgeoisie est pépinière de noblesse » était
exact, mais la greffe, toujours, renia le sauvageon.

### ÉTIENNE DE LESTANG

Étienne Guilhon, dit de Lestang, est le premier de sa
famille qui ait laissé des traces de quelque importance
dans les annales du Bas-Limousin. Il naquit dans les
premières années du xviᵉ siècle, de 1505 à 1510. Il est
dit avocat au parlement de Bordeaux dans son contrat de
mariage avec Louise de Juyé, reçu à Tulle par Ceron,

notaire, le 2 novembre 1538 (1) (et non le 21 janvier 1537, comme l'énoncent les Preuves). Nous avons indiqué la véritable filiation de Louise de Juyé. Sa dot était de 1,500 livres, ainsi que celle de sa sœur Antoinette, mariée le 4 avril 1539 à Jean de la Forestie, fils de sire François de la Forestie, marchand et bourgeois de Brive (2).

Quoique de petite bourgeoisie, cette famille de Juyé arriva vite à la fortune et à la noblesse. Une branche (3) a fait les seigneurs de Seilhac qui ne se sont éteints qu'au commencement du xviii° siècle. Le frère aîné de Louise, Sébastien de Juyé, jeta aussi quelque lustre sur ce nom. D'abord valet de chambre du roi François I$^{er}$, puis commissaire des guerres de Sa Majesté, il fut chargé d'une ambassade en Espagne. C'est lui qui épousa Jeanne de Selve, petite-nièce du premier président (4). Leur fille unique, Jeanne de Juyé, fut mariée le 18 octobre 1582, au château d'Enval, à Annet de Cosnac, chef de nom et d'armes de cette illustre maison (5).

---

(1) Bibl. nat., nouv. acquis., 1068.

(2) Le 21 avril 1539, Pierre Binet, le jeune, apothicaire de Tulle, au nom et comme tuteur des enfants d'Antoine Juyé et de Michelle Vialle, de l'avis et conseil de la dite Michelle Vialle, mère des dits enfants, de M° Jean Juyé, official de Tulle, M° Jean Juyé, marchand, de Tulle, M° Jean Juyé, curé de Chanac (et autres) oncles des dits enfants, délivre la dot de 1,500 livres à Étienne de Lestang. (Bibl. nat., nouv. acquis., 1068.)

(3) Celle de Jean Juyé, marchand, frère d'Antoine Dioudelle dit Juyé. Ce Jean Juyé, seigneur de Seilhac, n'eut qu'une fille Sébastienne, mariée à Libéral de la Forestie, frère de Jean de la Forestie. Les deux frères avaient épousé les deux cousines-germaines. Les enfants de Libéral de la Forestie et de Sébastienne de Juyé quittèrent le nom de la Forestie pour prendre celui de Juyé, seigneur de Seilhac. — La généalogie de Juyé, empruntée aux Armoires de Baluze et insérée dans le *Bulletin de la Société de Tulle* (année 1879, p. 50) est de pure fantaisie quant à la qualité des personnages et à leurs faits et gestes.

(4) Fille de François de Selve, seigneur d'Enval, lui-même fils de Jean de Selve, marchand et notaire royal d'Argentat, frère consanguin du premier président.

(5) Il y a eu deux Sébastien de Juyé qui ont suivi à peu près la

Par sa valeur personnelle autant que par ses relations de famille, Étienne de Lestang prit une situation importante à Brive et dans le Bas-Limousin. Il suivait encore le barreau, simple avocat au siège royal, lorsque l'antique conflit entre les deux villes principales du Bas-Limousin, au sujet du siège de la justice royale, se renouvela une fois de plus. Il y fut mêlé activement. Quoique la ville de Tulle eût payé deniers comptant à François I<sup>er</sup>, en 1523, l'établissement du siège sénéchal, les habitants de Brive réussirent, en 1551, à obtenir d'Henri II la suppression de ce siège en même temps que de celui d'Uzerche. Ce n'est pas le lieu de raconter en détail les incidents de cette lutte mémorable. La part qu'y prit Antoine de Lestang ressort de la lettre suivante qu'il écrivit à Antoine de Noailles.

Monseigneur, je suis arrivé à la bonne heure en ceste ville pour assister à l'execution de la subpression des sièges de Tulle et d'Uzerche qu'a esté exécutée à Obazine, et messieurs de Tulle, tant officiers que syndicz payés de la somme de 7,900 livres, sans comprendre les 10,000 livres baillées au roy. Je me suis esbay comment estoit possible tant d'argent sortir d'une si petite et si povre ville, mais l'envie d'avoir victoire estoit si grande qu'il ne leur a esté rien impossible et diriez à leur parolle que sont plus riches que ne furent jamais, et de ma part crois que c'est plus tost une œuvre divine que humaine. Le siégé presidial, je dis a nous prejudicial, a esté ce jourdhuy executé (1) appelé tous les syndicz de ce pays, Martel, Montfort, Carluz, et Aliac, combien que souet du Périgort, où avoit une grande compagnie de gens d'esglize, noblesse et syndics du pays qui ont tous consenty

---

même carrière, ce qui facilite la confusion. Le mari de Jeanne de Selve était mort avant 1574. Le second Sébastien de Juyé (de la branche de Labesse), secrétaire ordinaire de la chambre du roi (commission du 31 décembre 1580) et qui fut ambassadeur près du Grand Seigneur, vivait encore en 1594 et mourut vers 1607 (Pièces de mes archives).

(1) Un siège présidial venait en même temps d'être créé à Brive.

à l'exécution. Dimanche dernier fust faicte une procession génóralle à laquelle fust le précieulx corps nostre seigneur pourte par M. de Lisle (1), lequel beaucoup souettoit estre nostre prieur. Monsieur Barthélemy, conseiller du conseil, exécuteur de l'edict du roy et arrest du conseil privé assista......

Monseigneur, priant le créateur, après m'estre très humblement recommandé à vostre bonne grâce, vous donner tres longue et heureuse vie. A Brive, de vostre maison, le 28 septembre (1551). Vostre tres humble serviteur. Estienne de Lestang.

Au dos est écrit : A Monseigneur, Monseigneur de Noailles, lieutenant du roy en Guyenne, en absence du roy de Navarre, à Bourdeaux (2).

La victoire de Brive ne fut pas de longue durée. Deux ans après, en 1553, Henri II rétablit le siège sénéchal de Tulle. Étienne de Lestang s'ébahissait de ce que Brive eût pu débourser si aisément 19,000 livres pour l'emporter sur sa rivale. Tulle usa des mêmes armes, il lui en coûta 49,000 livres pour reconquérir ce qui lui avait été enlevé (3), mais cette fois elle ne devait plus en être dépouillée. Étienne de Lestang, comme délégué de Brive, signa la transaction qui intervint entre les deux villes, pour le règlement des ressorts respectifs, en 1555. Il est toujours dit avocat au parlement de Bordeaux (4). Leymonerie (5) rapporte qu'Étienne de Lestang fut, en l'année 1556, un des commissaires nommés par le roi Henri II pour faire le procès aux religionnaires en Bas-Limousin.

---

(1) Gilles de Noailles, abbé de l'Isle, puis évêque de Dax, frère d'Antoine de Noailles.

(2) Bibl. nat. fonds Baluze, tome 249. — La formule : De vostre maison, était de courtoisie vis-à-vis des personnages de rang élevé. Antoine de Noailles mourut à Bordeaux le 12 mars 1562. — Cette lettre est inédite.

(3) Frais du rétablissement du siège royal à Tulle. Bibliothèque nationale, fonds Baluze, t. 249.

(4) Ce qui n'implique nullement qu'il eut sa résidence à Bordeaux.

(5) *Histoire de Brive*, Brive, 1810, p. 210.

Il aurait donc été magistrat à cette date, car une délégation de ce genre ne pouvait guère être donnée à un avocat. Il résulte toutefois des registres du parlement de Bordeaux, qu'il ne fut reçu lieutenant général de Brive que le 15 décembre 1559 (1). Le parlement le dispense de l'examen de rigueur « attendu qu'il est du nombre des fameux advocats de la cour ayant pratiqué l'espace de 28 ans. » En 1561 il était en plein exercice, et en qualité de lieutenant général fut élu député du tiers-état de la sénéchaussée du Bas-Limousin aux États d'Orléans.

Le siège présidial donné à Brive en 1551 avait été supprimé en 1566. Lorsqu'il fut rétabli, Étienne de Lestang en fut nommé président (1576), quoique les deux offices fussent distincts. Comme il était déjà avancé en âge, il obtint même la survivance de l'un et l'autre office en faveur de son fils Antoine, et tous les deux exerçaient conjointement (2). Cette faveur était beaucoup plus rare que le simple octroi de survivance. Le roi ne l'accordait que lorsqu'il ne voulait pas se priver complètement des services d'un titulaire trop âgé pour remplir ces fonctions avec activité. Brive avait perdu le monopole de l'administration judiciaire mais en restait le centre le plus important. Sous Étienne de Lestang son double siège royal était renommé pour la haute capacité des magistrats et du barreau. Géraud de Maynard, célèbre jurisconsulte, alors sénéchal de la vicomté de Turenne, rapporte au livre VII de ses *Notables questions de droit*, que dans les causes délicates il allait à Brive « consulter certains avocats fameux et expérimentés » (3). Étienne de

---

(1) *Livre de raison d'une famille de Brive*, par M. de Malliard, *Bulletin de la Société archéologique et historique de Brive*, t. V, p. 691.

(2) *Juridictions royales en Bas-Limousin*, par M. Decoux-Lagoutte, *Bulletin de la Société des lettres, sciences et arts de Tulle*, année 1883, p. 16.

(3) *Notables et singulières questions de droit*, édition de 1750,

Lestang avait été l'un des plus employés. Nous avons plusieurs savantes consultations signées de lui, même au temps où il était lieutenant général (1).

Étienne de Lestang fut un royaliste et un catholique convaincu. Il prit nettement parti dans les troubles du temps, et par son caractère, non moins que par sa fonction, joua un rôle marqué. Les lettres qui nous restent de lui dénotent une nature énergique et un esprit cultivé.

Pendant la sixième guerre civile, spécialement, il porta la peine de sa situation de chef de parti. En 1577, le capitaine Geoffroy de Vivant qui bataillait pour les huguenots, sous l'aveu du roi de Navarre, s'empara de Donzenac où les Guilhon avaient leur maison patrimoniale. Vivant la désigna, avant toute autre, à la fureur de ses soldats. Elle fut livrée au pillage, tous les meubles, tous les papiers furent emportés ou détruits, puis elle fut rasée.

Quelque temps après, le même capitaine se saisit de Brive. Après avoir pris et saccagé le couvent des Cordeliers, hors les murs, les huguenots entrèrent dans la ville. La maison du chef des papistes (c'est ainsi que les religionnaires qualifiaient le président) fut encore leur principal objectif. Elle contenait, paraît-il, beaucoup d'objets précieux. Ils la dévalisèrent, chacun prenant sa part de butin, puis la livrèrent aux flammes. Les habitants du quartier essayèrent d'arrêter l'incendie, mais les soldats les chassèrent, activant le feu jusqu'à ce qu'il eut tout réduit en cendres, « disant que le s' de Lestang estoit le chef des papistes du pays, et que s'il estoit en leur puissance ils le jetteroient dans le feu » (2).

---

liv. VII, ch. 51. — Géraud de Maynard, conseiller au parlement de Toulouse, fut le père du magistrat-poète François de Maynard.

(1) Notamment une consultation de 21 pages minutées, sur le droit d'aînesse dans la maison de Pompadour, délibérée à Pompadour le 1ᵉʳ janvier 1578.

(2) Preuves de Christophe de Lestang.

La ruine de ses maisons, les menaces portées contre sa vie ne changèrent ni les sentiments ni le caractère du lieutenant général. Bravant les cruautés et la vengeance des huguenots, il poursuivit aussitôt leur chef en justice réglée, réclamant une punition sévère et la réparation des dommages que les villes de Brive et de Donzenac et lui-même avaient soufferts. Il obtint du grand conseil l'ouverture d'une information criminelle, présenta des mémoires, produisit des témoins. L'enquête fut faite en 1577, le jugement intervint le 30 juin 1583. Vivant fut condamné à être brûlé vif, à 5,000 écus de dommages-intérêts envers le sieur de Lestang et à 1,000 écus de réparations. Le capitaine continua à guerroyer et échappa à l'exécution de l'arrêt. Plus tard Henri IV le gracia (1).

De son côté Étienne de Lestang persista dans son rôle de chef des papistes. En 1580, lors de la guerre des Amoureux, le vieux capitaine huguenot, Pierre de Chouppes, vint ravager le Bas-Limousin. Il emporta d'emblée le château et le bourg de Sainte-Ferréole et établit ainsi sa petite armée entre Tulle et Brive. Étienne de Lestang voulut organiser la résistance et écrivit aux consuls de Tulle pour les inviter à aviser à la défense du pays. Le style peint l'homme; il était alors plus que septuagénaire.

Messieurs, je m'asseure que vous avez entendu l'arrivée du sieur de Chouppes en ce pays avec quelques trouppes de gens à pied et à cheval de la relligion qu'il a conduitz au chasteau de Turenne, lesquelles doibvent estre employées à mettre ce pays en confusion, empescher la récolte des fruictz, et continuer de forcer et surprendre ce qui sera foible ou mal gardé, comme on a faict du chasteau de Saincte Ferréole, toutesfoys les dictes trouppes ne sont pas telles que si nous sommes hommes et nous

---

(1) Lettres d'abolition données au Pont-Saint-Pierre en novembre 1590. Elles existent dans les archives de la famille de Laverrie de Vivant, établie en Sarladais. — V. les *Mémoires de Geoffroy de Vivant*, publiés par M. Ad. Magen, Agen, 1887.

évertuons il ne nous soit facile de les empescher de courir, car la trouppe de Chouppes n'estoit que de soixante chevaux tant maistres que valetz, à laquelle se vint joindre sur le pont de Malemort quelque trouppe de gens de guerre de Turenne. Il reste que nous aurions entre nous les moiens que nous avons pour deffendre le pays, sans espérer service d'autre part que de nous mesmes et des moiens qui sont dans la province où il y a beaucoup de gentilhommes pleins de bonne volonté, lesquels estans appelés et emploiés exciteront à leur exemple ceux qui dorment et s'il y a grand nombre de soldatz et de bons cappitaines pour les commander. Si doncques vous trouvez bon de nous assembler en quelque lieu assuré, vous nous adviseres du lieu qui sera propre pour ceste assemblée, auquel nous advertirons de venir des députés des principalles villes, et nous semble que fairons bien d'y appeler les chefz de MM. d'esglize et aucuns des principaux de la noblesse, sur quoy vous nous manderes vostre advis pour tous ensemble résoudre ce qu'il sera nécessaire d'exécuter pour préserver ce pays des courses des ennemys et que la récolte se puysse faire sans trouble et confusion. Et à celle fin que nous serons autant prompts à remédier au mal comme la nécessité nous en presse, il vous plaira ne mettre point en longueur l'exécution de cette assemblée et choisir lieu plus propre que celluy de Cureboursie, comme m'aves escript et suyvre l'intention du roy comme verres par les lettres de Sa Majesté que je vous envoye, affin que promptement vous les fassiez publier, par quoy je finiray la présente par me bien affectueusement recommander à vos bonnes grâces, priant Dieu, Messieurs, qu'il vous donne en santé longue vye. De Brive, ce xxviii° avril 1580. Vostre tres humble serviteur. ESTIENNE DE LESTANG (1).

Nous avons publié cette lettre dans notre ouvrage sur les guerres religieuses en Bas-Limousin, et nous ajoutions : « A quoi tiennent les évènements ! Si l'avis d'Étienne de Lestang eut été suivi, Chouppes était retenu

---

(1) Voir *Tulle et le Bas-Limousin pendant les guerres de religion*. Tulle, 1887, pages 46, 188.

dans le Bas-Limousin pour sa défense personnelle : il lui était impossible d'aller le 30 mai secourir Henri IV imprudemment engagé dans Cahors, et de le sauver comme par miracle. Celui qui devint Henri IV perdait peut-être la vie ou la liberté ! »

L'initiative du lieutenant général de Brive resta sans effet, la contrée était affaissée sous le joug, les neuf dixièmes de la province reconnaissaient l'autorité des rebelles. Le roi essaya de conjurer le danger. Il édicta un impôt de 10,000 écus sur les villes closes du Limousin pour faire face à une expédition, et envoya le sieur d'Hautefort-la-Mothe comme lieutenant général (mai 1580). Celui-ci reprit sur les huguenots quelques forts des environs de Brive, puis réunit les villes closes en assemblée pour la répartition de l'impôt de 10,000 écus. Étienne de Lestang avait été nommé par le roi commissaire pour cette levée. L'assemblée eut lieu à Brive, le lieutenant général la présida, mais les délégués des villes représentèrent la misère du pays, implorèrent la pitié du roi et ne firent pas la répartition demandée. Hautefort dut laisser sa mission inachevée (1).

Étienne de Lestang fit son testament l'année suivante (1581) et mourut bientôt après, laissant à ses enfants des traditions auxquelles ils furent fidèles. Il avait eu quatre fils et deux filles que nous avons déjà nommés. Antoine et Christophe, par leur célébrité, ont motivé principalement cette étude. Léonard et autre Antoine sont moins connus, mais leur postérité a laissé quelques traces. Jeanne, l'aînée des filles, épousa François Meynard, de Tulle, lieutenant général de Brive, dont les descendants ont marqué au parlement de Toulouse. Antoinette, épouse de Guillaume Polverel, eut deux évêques pour fils.

---

(1) *Tulle et le Bas-Limousin pendant les guerres de religion*, p. 50.

## ANTOINE DE LESTANG

*Le Limozin et ta nèsance,*
*Toulouze docte ton séjour,*
*L'état de France ton amour,*
*Le Ciel sera ta récompanse.*

Ces lignes rimées, avec cette orthographe insolite, sont inscrites sous le portrait d'Antoine de Lestang, buriné par le célèbre Léonard Gaultier et placé en tête d'un des ouvrages du savant magistrat. La *Biographie Toulousaine*, d'Alexandre du Mège, reproduit ce quatrain (1) en ajoutant : « Le premier vers semblerait faire entrevoir que Lestang était natif du Limousin, nous croyons pouvoir affirmer qu'il était né à Toulouse. » Nos Limousins célèbres ne méritent pas, comme Homère, que plusieurs villes se disputent l'honneur de les avoir enfantés, il en est beaucoup cependant qui ont eu cette gloire. Cela s'explique. La plupart des Limousins trouvant trop étroit, peut-être trop ingrat, le théâtre qui les avait vu naître, sont allés briller hors de leur province. D'autre part, les biographes locaux ont la manie de vouloir grossir le contingent d'illustrations de leur patrie.

Antoine de Lestang est né (il l'a déclaré plusieurs fois en vers et en prose) en 1541, en Limousin, à Brive, où son père n'avait cessé de résider. Moréri rapporte qu'il fut élevé auprès du duc de Mayenne et eut ensuite beaucoup de part aux bonnes grâces du chancelier de Birague, qui le fit connaître à Catherine de Médicis. La première partie du renseignement, tout au moins, n'est pas exacte. Antoine de Lestang avait atteint l'âge d'homme (32 ans)

---

(1) Elle le reproduit infidèlement en changeant l'orthographe, ce qui est admissible, et en le corrigeant à sa façon, ce qui l'est moins. Elle écrit par exemple : *Le Limousin eut sa naissance, Toulouse date son séjour...*

lorsque le duché de Mayenne fut créé, et Charles de Lorraine, qui porta le premier le titre de duc de Mayenne, était de quatorze ou quinze ans moins âgé que celui qui aurait été élevé près de lui.

Antoine suivit d'abord le barreau et fut avocat au siège de sa ville natale. Dès l'année 1576, il était associé avec survivance aux deux charges de son père, et les exerçait concurremment avec lui. Durant les troubles incessants des guerres de religion, la justice fut administrée d'une manière fort irrégulière. Étienne de Lestang lui-même ne resta pas toujours à son poste. Quant à son fils il fut, à un certain moment, plus assidu aux camps et aux conseils militaires qu'au prétoire. Comme son père il fut un adversaire acharné des huguenots. Lors de la campagne de Mayenne en Périgord, Bas-Limousin et vicomté de Turenne, il fut intendant de l'armée, c'est-à-dire l'homme de confiance du duc, chargé des approvisionnements de tout genre, des négociations, des informations. Cette même année, quoique absent, il fut nommé consul de Brive (22 février 1586), ce qui prouve qu'il était en communion d'idées avec ses concitoyens. Mayenne traversant le Périgord pour pénétrer dans la vicomté de Turenne, fut sollicité par les habitants de Montignac de reprendre leur ville sur les huguenots qui la détenaient. Il y envoya deux capitaines et dépêcha en même temps à Brive son intendant, pour avoir un secours d'artillerie. Antoine de Lestang lui ramena un canon et 200 boulets, et suivi de son collègue le conseiller au présidial et consul, Jean-Zacharie Malliard, il aida vaillamment Dominique de Vic et Sacremore Birague, lieutenants de Mayenne, à déloger Laporte de Lissac, qui fit une belle défense (4 février 1586) (1). Lestang assista continuellement Mayenne dans son expédition, qui fut du reste peu glorieuse. Au mois d'août il conduisit une partie de

---

(1) *Livre de raison d'une famille de Brive*, loc. cit.; *Mémoires du duc de Bouillon*, passim.

la garnison de Brive au siège de Castillon. L'historien de Thou, parlant de ces évènements, qualifie Antoine de Lestang de gouverneur de Brive. Ce titre était donné quelquefois aux lieutenants généraux de robe longue, particulièrement lorsque en temps de troubles, délégués par le gouverneur ou en son absence, ils remplissaient dans leur circonscription l'office des lieutenants généraux de robe courte.

Poussé par les Guises, Henri III avait décidé la convocation des États généraux. D'abord fixés au 15 août, ils furent remis au 15 septembre. Comme les précédents ils devaient se réunir à Blois. Le roi avait mandé à Gilbert de Ventadour, gouverneur de la province, de rassembler les États provinciaux soit à Tulle soit à Uzerche; mais Antoine de Lestang, réveillant les vieilles prétentions de Brive à user des droits de capitale, prit les devants et convoqua les États à Brive pour le 2 août, sans même en informer le gouverneur (1). Celui-ci, de son côté, convoqua le 20 juillet les États à Tulle pour le 9 août. L'assemblée de Brive n'en eut pas moins lieu, et Antoine de Lestang fut nommé député du tiers-état avec Raymond Bonnet, procureur du roi en l'élection de Brive. La réunion de Tulle, beaucoup plus nombreuse, fut aussi tenue à sa date. Le gouverneur présida avec l'assistance des lieutenants généraux de Tulle et d'Uzerche. Les officiers du roi protestèrent contre l'assemblée de Brive qui n'avait pas réuni, dirent-ils, plus de dix à douze personnes de tout ordre, et sur leurs réquisitions, la nullité en fut prononcée à l'unanimité. L'assemblée nomma ensuite des députés pour les trois ordres. Trois députés furent nommés pour le tiers-état. Pourtant les opérations des États de Brive ne furent pas sans effet, et ses députés furent

---

(1) Suivant la transaction de 1555, les États devaient se tenir alternativement à Brive et à Tulle, et les deux villes auraient le droit de se qualifier conjointement : villes principales et capitales du bas-pays de Limousin.

aussi reçus aux États généraux. Le nombre des députés, quoique d'ordinaire fixé par les instructions du roi, restait en fait à la volonté des mandants qui les payaient.

Simon Goulard, dans le Second Recueil de la Ligue, parlant des « monopolles et ligues universelles qui furent faictes par chascun baillage et séneschaussée » à l'occasion de ces élections, dit que dans la province du Bas-Limousin, notamment, « trois de la Ligue furent choisis par violence pour estre opposés à deux légitimement élus et que la Ligue ne pouvoit corrompre. » Le passage n'est pas très clair. Ce qui est certain c'est que l'élection de Brive était favorable à la Ligue. Celle de Tulle était aussi dans un sens d'énergique opposition à la Réforme, mais d'absolu dévouement à la royauté (1).

On sait le terrible drame qui se joua au château de Blois : après l'assassinat des Guises la Ligue se développa avec frénésie. Henri III fut assassiné à son tour et la situation ne fit que s'aggraver.

Le Bas-Limousin ne se rallia pas d'enthousiasme à Henri IV, qui lui avait fait beaucoup de mal. Malgré sa fidélité au principe d'hérédité monarchique, ce pays profondément catholique n'eût pas accepté un roi huguenot. La très grande majorité des gentilshommes était dans ces idées ; les Guises avaient beaucoup d'amis parmi eux. Quoiqu'en aient dit Baluze pour Tulle, Leymonerie pour Brive, ces deux villes hésitèrent dans leur adhésion. Le gouverneur lui-même, Gilbert de Lévy, ne prit pas immédiatement parti. Les victoires d'Henri IV, l'espérance de sa conversion levèrent les scrupules. Antoine de Lestang resta fidèle aux Guises. On ne voit pas pourtant qu'il se soit mêlé activement aux mouvements des Ligueurs dans la province. Il ne manquait pas de discernement et il comprit sans doute que la résistance ne serait pas assez puissante sur ce petit théâtre et qu'il

---

(1) Voir pour plus de détails sur ces assemblées, *Tulle et le Bas-Limousin pendant les guerres de religion*.

pourrait, ailleurs, mieux utiliser son concours dans l'intérêt de ses convictions et surtout de sa fortune. Le traité de pacification du Languedoc nous le montre réclamant ses gages de président de Brive des années 1589, 1590, 1591, 1592, 1593, qu'il n'a pas touchés. C'est probablement qu'il n'avait pas exercé effectivement durant ces cinq années. Son frère Christophe fut en Languedoc le séide des Joyeuses. Antoine alla le rejoindre, eut un rôle moins en vue, probablement aussi utile. Il le faut bien puisque le chef de la Ligue, le duc de Mayenne, le récompensa royalement en le gratifiant, le 17 mars 1592, d'une charge de président au parlement ligueur de Toulouse (1). Le parlement royal siégeait à Carcassonne où il avait été transféré par Henri III après le massacre de Duranti et de d'Affis. Il fut maintenu dans cette ville par Henri IV, mais la plupart des magistrats étaient restés à Toulouse et administraient la justice pour les pays sortis de l'obéissance royale. Antoine de Lestang ne fut pas reçu immédiatement. Son installation officielle n'eut lieu que le 7 juin 1595, ainsi qu'il est mentionné sur les registres du parlement.

« Messire Antoine de Lestang, président au présidial et lieutenant général en la sénéchaussée de Brive-la-Gaillarde, reçu président à mortier le 7 juin 1595 » (2).

Sur le portrait conservé au musée de Brive et dont nous donnons la reproduction due à l'habile crayon de M. Noël Boudy, il est inscrit qu'Antoine de Lestang fut premier président de Rennes (3), et M. de Malliard (dans

---

(1) L'office était vacant par le décès de Jean de Meynial. François de Gargas en avait été pourvu mais s'était démis. (Archives de la Haute-Garonne. Fonds du parlement de Toulouse.)

(2) Archives du parlement.

(3) Sur ce portrait, le fond des armes du président est de sable. Le fond des armes de Lestang est ordinairement point d'azur. Mais les armes des nouveaux nobles manquent souvent de fixité. D'après la *Sigillographie du Bas-Limousin* de MM. de Bosredon et Rupin, Étienne de Lestang usait d'un écusson à un croissant

ANTOINE DE LESTANG
(D'après un tableau du Musée de Brive.)

l'ouvrage déjà cité) rapporte qu'il fut nommé à cette charge en 1594. Ce renseignement est en contradiction avec la mention des registres ci-dessus transcrite, et avec les autres indications que nous allons donner.

En 1594, Antoine de Lestang, prévoyant l'issue de la lutte contre Henri IV et songeant à consolider sur sa tête la faveur qu'il devait au duc de Mayenne, n'était pas éloigné de se rallier. Il avait eu des pourparlers avec le roi ou avec ses ministres, dans le sens de la paix. Au mois d'avril de cette année, en compagnie d'Antoine de Bruyères, abbé de Villeloin, neveu du cardinal de Joyeuse, il arriva à Toulouse porteur d'une lettre de créance du roi pour le parlement. Le roi, qui venait d'entrer dans Paris, offrait la paix au duc de Joyeuse et aux villes du Languedoc qui suivaient son parti (1). La mission n'aboutit pas complètement mais ne fut pas sans résultat pour l'avenir.

Le 6 mai suivant, la majorité du parlement ne voulant pas rester plus longtemps en révolte ouverte contre le roi, décida son transfert à Castel-Sarrazin. Dix ou douze magistrats seulement se maintinrent à Toulouse et constituèrent un parlement ligueur. C'est de ce parlement qu'Antoine de Lestang fut reçu président l'année suivante (7 juin 1595). Il exerça seul cette charge. Tous les autres présidents avaient quitté Toulouse.

Le Languedoc fut enfin pacifié comme le reste de la France. Le traité de Folembray avec le duc de Mayenne fut signé en janvier 1596. Les demandes du duc de Joyeuse ou articles secrets furent l'objet d'un édit séparé (24 janvier). Quatre jours avant (20 janvier), Henri IV

---

accompagné en chef de deux poissons contrepassants, posés en fasce. Les poissons sont tantôt dits des carpes tantôt des brochets. Dans le manuscrit de mes archives déjà cité, les armes de Lestang sont ainsi blasonnées : deux nantheyres, l'une d'or et l'autre d'argent, estaillées d'or sur champ d'azur, et il est ajouté que nantheyres signifie brochets et que estaillées est pour écaillées.

(1) *Histoire de Languedoc*, t. V, livre XLI, p. 406.

avait donné à Antoine de Lestang des provisions de président confirmatives de celles du duc de Mayenne (1), ce qui prouve assez clairement que le ligueur converti avait pris une part active aux négociations. L'édit fut enregistré le 16 mars par le parlement ligueur, et le 28 par le parlement royaliste de Castel-Sarrazin auquel s'était réuni le parlement de Carcassonne (2). Le roi ordonnait par les articles de la paix que les deux parlements, fondus en un seul, siégeraient désormais à Toulouse. La réunion eut lieu le 3 avril. Les magistrats de Castel-Sarrazin, ayant à leur tête les présidents de Saint-Jory, de Saint-Jean et de Paulo, rentrèrent à Toulouse suivis d'un cortège de 1,200 chevaux. Le président de Lestang et les conseillers ligueurs, au nombre de huit, les attendaient dans la grande salle d'audience sur les bas-sièges. Chacun ayant pris sa place suivant son rang de réception, le président de Saint-Jory se leva et tous les officiers s'entre-saluèrent avec beaucoup de politesse. On alla ensuite à la messe avec la même solennité qu'à celle de la Saint-Martin, des réjouissances publiques eurent lieu. Le lendemain les audiences furent reprises à l'ordinaire (3). A l'article de Christophe de Lestang nous donnerons de plus amples détails sur la partie des articles secrets concernant les deux frères.

Le lieutenant général de Brive, devenu d'emblée président du second parlement de France, se montra d'ailleurs à la hauteur de cette grande charge. Il prit même une situation particulièrement distinguée dans ce milieu d'hommes éminents. Lorsqu'il y eut des missions délicates à remplir, le nouveau président fut la plupart du temps désigné comme délégué, par les suffrages de ses collègues. Une

---

(1) Lettres de provision d'Henri IV confirmant celles du duc de Mayenne en faveur du sieur de Lestang. Du 20 janvier 1596. Enregistrées au parlement le 16 mars 1596. — (Archives de la Haute-Garonne, B. 149.)

(2) *Histoire de Languedoc*, t. V, liv. XLI.

(3) *Histoire de Languedoc*, liv. XLI.

fois rallié à Henri IV il le servit sans regrets, avec loyauté et dévouement. Le roi apprécia promptement son mérite et le nomma membre de ses conseils d'État et privé. Après quelques années d'une existence singulièrement agitée pour un homme de cabinet, l'ère de la tranquillité s'ouvrait pour lui. Désormais il pouvait se livrer à ses goûts préférés. Il partagea son temps entre l'exercice passionné de ses fonctions, les bonnes œuvres, le culte des lettres et les plaisirs des champs. C'est un type assez répandu dans l'ancienne magistrature et qui a contribué à former l'auréole d'estime et de respect dont elle est entourée.

En vertu du traité de Folembray, la c'.ambre de l'édit, composée par moitié de magistrats des deux cultes, fut organisée et fixée définitivement à Castres. Antoine de Lestang ne fut pas, comme le dit Moréri, nommé premier président de cette compagnie souveraine (1). Il faut dire qu'il en fut plusieurs fois nommé président, car la chambre de l'édit était renouvelable chaque année. Le parlement proposait les magistrats qui étaient institués par le roi. Plus tard le roi entendit les désigner de sa pure autorité. Il est vrai qu'Antoine de Lestang exerça le plus souvent cette charge. Nommé en 1597, son mandat fut prorogé jusqu'en 1600; il fut encore choisi en 1605, 1609, en 1612, 1613, 1614, et maintenu par le roi jusqu'en 1617 qui fut l'année de sa mort (2).

---

(1) Moréri dit en effet : « Il passa dans le parlement de Toulouse en qualité de président à mortier et fut nommé premier président de la chambre établie à Castres l'an 1595 par le roi Henri IV, qui s'était instruit de son mérite dans quelques députations dont il avait été chargé vers ce prince. » Antoine de Lestang n'eut jamais le grade de premier président.

(2) *Histoire de Languedoc*, t. V, passim. — Sacaze, *Histoire de la Chambre de l'édit de Languedoc*, dans le Recueil de l'Académie de législation de Toulouse, t. II, p. 282 et suiv. — Cambon de Lavalette, *La Chambre de l'édit de Languedoc*, pages 154-160. Paris, 1872. — Archives de la Haute-Garonne, B. 335 à 309. — Le parlement protesta même contre la mesure qu'il considérait comme

Le rôle du président de la chambre mi-partie présentait ses difficultés. Tous les brouillons n'étaient pas « rentrés chez eux. » Quelques endurcis, sur des points isolés mais nombreux, continuaient de troubler le repos public. Les troupes licenciées ne pouvant plus vivre de la guerre, se transformaient en bandes de brigands, ravageant le pays, commettant toutes sortes d'exactions et de pilleries. L'attitude du clergé créait à tout instant de graves conflits. Les magistrats de Castres n'étaient pas seulement les juges du champ et du pré, leur action s'étendait à la politique, ils exerçaient de fait l'administration et le pouvoir exécutif dans leur ressort. Le président appuyé sur sa compagnie était une manière de gouverneur de province. Antoine de Lestang ne manqua ni de tact ni d'énergie. En 1597 l'évêque de Castres, messire Jean de Fossé, fulmina l'excommunication contre deux conseillers catholiques de la Chambre, à raison d'actes de leurs fonctions. Il dut en coûter aux convictions profondément religieuses du président de sévir contre son évêque, mais il n'hésita pas à défendre avec fermeté ses collègues et l'autorité dont il avait le dépôt. Il déféra l'acte de l'évêque au parlement qui déclara qu'il y avait « abus et entreprises par le dit Fossé sur l'autorité de la Cour, » condamna l'évêque en 2,000 écus d'amende, ordonna que le décret d'excommunication serait enlevé des registres de l'évêché « ou tellement biffé et rayé que rien n'en pust paroistre ou estre lu, » avec défenses pour l'avenir de « user de telles excommunications à peine de dix mille escus d'amende. » Le parlement alla plus loin (trop loin), il arrêta que « incontinent après l'intimation de l'arrest, seroit pourvu par led. évesque du bénéfice d'absolution aux conseillers à peine de 4,000 écus d'amende, et par

---

une usurpation sur ces droits : « Arrêt portant qu'il n'y a lieu d'enregistrer les lettres patentes du 20 octobre 1614, qui continuent le président de Lestang et les autres conseillers de la chambre mi-partie de Castres. Députation pour remontrances » (Archives de la Haute-Garonne, B. 335).

saisie de tous les fruits de son évêché. » L'évêque résista et le président dut faire procéder par huissiers à la saisie des meubles du prélat (1). En 1602, le duc de Bouillon (ce vicomte de Turenne qui avait sous Henri III tant pressuré et saccagé le Bas-Limousin), compromis dans la conspiration de Biron comme il l'avait été dans celle de la Môle et dans celle du duc d'Alençon, mandé par le roi de venir se justifier, refusait d'obéir, mais se rendait à Castres devant la Chambre, accompagné de vingt gentilshommes de ses amis. Il réclamait jugement immédiat en vertu des privilèges accordés à ceux de sa religion. La Chambre ne se laissa pas intimider par cet appareil et se borna à donner acte de la requête, « déclarant n'entendre empêcher le suppliant de se retirer devers Sa Majesté (2). » Le duc de Bouillon jugea à propos de passer la frontière. Antoine de Lestang ne présidait pas en cette circonstance. Le vicomte de Turenne avait été son ennemi déclaré. Il ne l'eût pas traité plus dédaigneusement et ne se fût pas mieux vengé par lui-même.

Mêlé ainsi à des affaires d'État, le président devait se mettre fréquemment en communication directe avec le roi pour solliciter ses ordres ou soumettre à son approbation les mesures prises d'urgence. Une des lettres d'Antoine de Lestang à Henri IV a été conservée (3). Elle a quelque intérêt historique et montre en même temps le

---

(1) Cambon de Lavalette, p. 74.
(2) *Ibid.*, p. 75.
(3) Biblioth. nat., Mss. Collection des missions étrangères; registre 302. — Je dois la communication de cette lettre inédite à la complaisance de deux honorables amis bien connus des érudits, MM. Tamizey de Larroque, correspondant de l'Institut, et Adolphe Magen, secrétaire perpétuel de la Société des sciences et arts d'Agen. Celui-ci l'avait signalée, sans la publier, dans ses *Mémoires de Vivant*, si savamment annotés et si intéressants pour l'histoire des guerres de religion en Limousin, en indiquant qu'il en avait une copie de la main de M. Tamizey de Larroque. L'un et l'autre ont bien voulu mettre cette copie à ma disposition, ce dont je les remercie.

caractère impartial du magistrat, qui rend une égale justice au prédicateur catholique et au ministre réformé. On y voit en outre l'affirmation très nette de son dévouement monarchique. Nous avons dit qu'après s'être rallié, sa fidélité fut inébranlable. A ces titres cette lettre mérite d'être mise au jour.

« Sire, Les advis que vostre maieste a eu des propoz qui ont esté tenuz d'une conférance d'entre ung prédicateur catholique et ung mynistre de la présente ville, m'obligent de vous en escrire le succès, lequel a esté avec toute modération et respect, ainsy que vostre maiesté, s'il luy plaist, entendra par le discours d'icelle qui est avec la présente (1) que après en avoir rendu grâces à Dieu, je ne doibtz obmettre de vous représenter que la proceddure du mynistre vous doibt estre recommandée, comme aussy celle du prédicateur, par laquelle action il semble que dieu dispose de faire par deça quelque coup de sa main, à son honneur et gloire, et au bien et repos de vostre estat et de vostre postérité, noz roys, recognoissant, Sire, avec la vérité que je suys esté porté à ceste action outre mon gré, pour la crainte qu'il y advint quelque désordre. Le succès d'icelle fera congnoistre que c'est dieu qui l'a conduite, et pour faire icy plus avant progrez soubz ceste bénédiction, je supplye vostre maiesté avoir agréable de pourveoir à ce qu'elle a entendu de l'estat de ceste ville par deux de mes précéddantes despêches, sur quoy attendant les commandemens de vostre maiesté, je supplye le Créateur vous donner, Sire, en sa grâce très longue et très heureuse vie.

De Castres, ce dymanche 4° de juing 1606.

Vostre très humble, très obeyssant et très fidèle subject et serviteur. DE LESTANG » (2).

---

(1) Le discours annoncé n'est pas avec l'original de la lettre.
(2) Le savant bibliothécaire de la Société de l'Histoire du Protestantisme français, M. Weiss, auquel j'ai communiqué cette lettre, a bien voulu m'écrire à ce sujet :
« La lettre du président de Lestang se rapporte à un incident de la Réforme à Castres. Le pasteur Jean Josion soutint dans cette ville une controverse publique contre les jésuites Sapets et Camord et fit imprimer le récit de cette discussion sous ce titre :

Le président de Lestang fut du reste fréquemment choisi comme intermédiaire entre le roi et le parlement. On trouve à l'Inventaire des archives de la Haute-Garonne diverses mentions qui nous l'apprennent (1). Sa science reconnue, certaine expérience diplomatique, ses pieuses munificences, sa prestance majestueuse, son visage empreint de noblesse et d'énergie même dans la vieillesse, ses deux portraits en font foi, le mettaient en vedette lorsque le parlement voulait être brillamment représenté ou utilement servi. C'était un personnage très décoratif suivant une expression inconnue de son temps, très propre à figurer dans les grandes cérémonies, à se présenter à la cour, à haranguer les princes. (Il paraît que son père, Étienne, avait été aussi un des beaux hommes de son temps) (2). On voit qu'il ne résidait pas constamment à Castres, comme semblerait l'indiquer Moréri. De 1600 à 1609, il séjourna souvent à Toulouse et présida le parlement avec grand éclat. C'est dans cet intervalle qu'il prononça ces fameux arrêts en robe rouge dont nous aurons à parler. Dans les premières éditions de Moréri

---

*Acte de la Conférence tenue à Castres, publié par Joston, ministre. A Castres, Pierre Falry, 1606.* »

« M. Charles Pradel, auteur d'une *Notice sur l'imprimerie à Castres*, Toulouse, 1882, à qui je dois ce renseignement, croit que ce volume, dont on ne connaît malheureusement pas d'exemplaire, mais seulement le titre, est le premier livre imprimé à Castres. »

Le récit du ministre nous eût sans doute fait connaître l'*action* à laquelle le président avait été porté contre son gré et par crainte de quelque désordre.

(1) 1599. Frais de voyage à rembourser au président de Lestang et au conseiller Sabaterii, députés vers le roi. Archives de la Haute-Garonne, B. 174. — 1609. La cour, déférant aux ordres du roi, délègue le président de Lestang et le conseiller Mellet pour lui faire connaître les motifs de son opposition à l'enregistrement d'un édit, B. 273. — 1611. La cour délègue le président de Lestang et deux conseillers, pour se transporter à Montauban et y saluer de sa part le prince de Condé, B. 209.

(2) D'après une note généalogique sur les de Lestang. Pièce de mes archives.

on lisait que c'était lui qui avait présidé à l'arrêt de mort rendu contre le fameux athée Lucilio Vanini. Erreur évidente qui a disparu à bon droit de l'édition définitive, puisque Vanini n'arriva à Toulouse qu'en 1618, plus d'un an après la mort du président de Lestang, et ne fut condamné qu'en 1619.

C'est dans ces années de calme, au déclin d'une vie déjà noblement remplie, qu'Antoine de Lestang songea à mieux assurer son nom contre l'oubli. Retiré, à ses heures de loisir, dans son château de Belestang qu'il avait fait construire aux portes de Toulouse, s'adonnant tour à tour à l'agriculture et à son goût pour les lettres, faisant le bien autour de lui, il embellit son domaine, mit la dernière main à ces ouvrages de droit et d'histoire et prépara d'autes œuvres encore plus méritoires devant la postérité. Il n'avait pas d'enfants de son mariage avec D$^{lle}$ Honorée de la Chalupie. L'héritier de son choix était le fils d'une sœur préférée, marchant déjà dans les traces qu'il lui avait ouvertes; il ne crut pas l'appauvrir en faisant deux parts de sa fortune, dont l'une très large pour de pieuses fondations dans sa ville natale. C'est à lui qu'est dû l'établissement, à Brive, des Doctrinaires et des Ursulines pour l'instruction de la jeunesse des deux sexes (1).

En 1606 il s'adressa à cet effet à César du Bus, supérieur général de la congrégation des Pères de la Doctrine chrétienne fondée à Avignon et lui demanda deux Pères du dit institut et deux sœurs de Sainte-Ursule pour éta-

---

(1) Dès l'année 1599, il avait constitué au profit de la maison de ville une rente annuelle de 100 livres, pour l'institution d'un cours de catéchisme le dimanche, une messe et une procession, etc. (Archives de la Corrèze D. supplément, 42.) — On trouve mention, à l'Inventaire de ces archives, d'autres libéralités du même genre : D. 2. Divers extraits touchant les fondations faites par mess. Ant. de Lestang, président au parl. de Toul., en faveur de la communauté de Brive et de celui qui enseigne le catéchisme; enregistrement du contrat fait par le juge de Brive pour 50 livres.

FAC-SIMILE DE L'ÉCRITURE D'ANTOINE DE LESTANG

blir à Brive deux maisons religieuses destinées à l'éducation de la jeunesse, ce qui lui fut accordé. En conséquence, le 15 février 1607, intervinrent les conventions suivantes. Les R. P. Margery et Maillot, procédant au nom de leur ordre et de la congrégation de Sainte-Ursule, s'obligèrent à envoyer à Brive deux Pères de la Doctrine chrétienne et deux sœurs Ursulines pour y faire continuellement et perpétuellement leur résidence et vaquer à l'instruction de la jeunesse aux bonnes mœurs et en la doctrine chrétienne; et pour l'habitation des dits pères et sœurs le sieur de Lestang donna deux siennes maisons, assises en la ville de Brive, avec leurs autres édifices, jardins et pâtus dépendant d'icelles, confrontant à la grande rue publique allant des Mazeaux-Vieux à la porte de Corrèze, au ruisseau de Verdanson, etc., lesquelles maisons il s'obligea à faire accommoder, meubler et mettre en bon état et pourvoir des livres convenables... En outre il prit l'obligation de fournir chaque année une rente de 600 livres dont 200 livres pour les Ursulines, jusqu'à ce qu'il eût assuré par ses soins et à ses frais des bénéfices d'un pareil revenu aux dits pères... Les pères devaient aussi jouir de la rente de 50 livres donnée aux consuls le 8 août 1599 pour le salaire de celui qui ferait chaque dimanche le catéchisme en l'église Saint-Martin.... (1).

Les Doctrinaires s'établirent en effet à Brive. En 1619, le collège communal qui existait depuis 1581 et même antérieurement, leur fut confié. Ils le gérèrent avec succès jusqu'à la Révolution. Les Ursulines arrivèrent à Brive en 1608. Leur couvent prospéra. Il existe encore. Les couvents de Limoges et d'Angoulême furent des essaims

---

(1) Une copie de cet acte de fondation a été publiée par M. de Malliard dans le *Bulletin de la Société archéol. et hist. de Brive*, t. II, p. 185. — V. aussi le *Bulletin de la Société de Tulle*, où cet acte a été reproduit deux fois, par M l'abbé Marche, t. III, p. 150, et par M. le comte de Seilhac, t. VII, p. 686.

de celui de Brive. Plus récemment celui de Tulle en est aussi sorti.

Antoine de Lestang a laissé plusieurs ouvrages; Moréri, qui a été suivi par tous les autres biographes, lui en attribue cinq dans l'ordre suivant : 1° une *Histoire des Gaules;* 2° *Arrêts du parlement de Toulouse;* 3° *Traité de la réalité du Saint-Sacrement de l'autel;* 4° *Traité de l'orthographe française;* 5° *Histoire de la nation gothique.* Pour nous, malgré nos recherches, nous n'en avons découvert que deux. Le premier en date porte le titre suivant que nous reproduisons littéralement.

*Arrets de la covr de parlemant de Tolose prononcés an robe rouge.* Par Messire Antoene de Lestang, chevalier, conselier du Roy an ses conseils d'Etat et Priué et Presidant an ladite covr de Parlement. A Tolose, par la vefue Iacques Colomiez et Raymond Colomiez, imprimeurs ordinaires du Roy. M.DC.XII. (In-8° de 764 pages, plus 28 ff. prélim. pour le titre, la table des matières, etc., et un feuillet à la fin pour le privilège, daté de Paris le 28 novembre 1611.)

Voici l'avis au lecteur :

« Amy lectevr, tu trouueras à l'ortografe que nous auons suiuie, quelque diuersité à cele qu'on obserue communemant, mais non toutefoes tele que ie la croes etre necessaire pour la conseruation, propagation é conoessance de notre langue aus nations etrangeres : ce que i'espere te fere voer moyenant la grace de Dieu, par un œuure qui sera tout Francoes, é de langue, é de sujet, é d'ortografe; cepandant reçoé an bonne part ce mien labeur. »

Antoine de Lestang propose donc une nouvelle orthographe. Son ouvrage est écrit en entier dans le système du titre et de l'avis au lecteur. C'est un précurseur de l'école des *fonétistes* qui a fait quelque peu parler d'elle ces derniers temps. L'examen de la question demanderait trop de développements pour que nous puissions nous y arrêter. Remarquons seulement, en passant, que quelques-unes des réformes proposées par l'auteur ont depuis passé en usage. En 1612, il n'était pas sans hardiesse d'écrire *être, sujet, déclarer, apelé* au lieu de *estre, subject, déclairer, appellé*, etc. L'avis au lecteur promet la publication prochaine d'un autre ouvrage dans lequel la réforme sera proposée d'une manière plus radicale. Serait-ce ce *Traité de l'orthographe française* indiqué par Moréri et que nous n'avons pu découvrir dans aucune bibliothèque ? Nous dirons tout à l'heure notre pensée là-dessus.

Le recueil d'arrêts, en dehors de cette tentative de réforme orthographique, ne présente plus aujourd'hui un grand intérêt. Les arrêts proprement dits, rendus en audience solennelle sur des questions majeures de l'ancien droit, et au nombre de dix, tiendraient à peine cinquante pages d'impression. Le surplus consiste en dissertations des plus approfondies sur les diverses matières, et le commentateur y parle *de omni re scibili*. On y trouve de véritables traités historiques, de longues digressions littéraires, qui ne sont pas sans agrément et témoignent de vastes connaissances en même temps que d'un jugement très éclairé. Sous le dixième arrêt concernant le droit des Religieux de Saint-François à jouir de légats pies annuels, on ne s'attendrait pas à lire l'histoire de la fondation du couvent des Récollets de Tulle qui fut le premier en date dans toute la France. Ces arrêts et leur glose avaient eu en leur temps un si honorable renom que cent cinquante ans après leur publication, ils furent réédités sans y rien changer, dans le grand recueil des notables questions de droit de Géraud de Maynard (1). « On n'a point changé, dit l'éditeur, le style des discours de M. de Lestang, il importe de conserver ces monuments de l'ancienne éloquence, ils sont d'ailleurs assez clairs par eux-mêmes pour n'avoir pas besoin d'être retouchés. Les sujets en sont intéressants, ils sont traités avec beaucoup d'esprit et d'érudition, et une grande connaissance de l'histoire

---

(1) Édition de 1751.

du Droit. Nous reprochons à nos pères des étalages d'érudition ; ne pourrait-on pas reprocher à notre siècle de donner dans l'excès contraire ? »

Le second ouvrage du président de Lestang venu à ma connaissance est moins suranné, et peut être lu encore avec profit. Il est intitulé :

*Histoire des Gaules et conquêtes des Gaulois en Italie, Grèce et Asie, avec un abrégé de tout ce qui est arrivé de plus remarquable esdites Gaules dès le temps que les Romains commencèrent à les assujettir à leur Empire, jusques au Roy Jean.* Par Messire Antoine de Lestang, seigneur de Belestang, chevalier, conseiller du Roy en ses conseils d'État et Privé et Présidant en la Cour du Parlement de Toulouse. A Bourdeaux, par Simon Millanges, imp. ord. du Roy. MDCXVIII. (In-4° de 409 pp., plus 4 ff. prélim. et 39 ff. pour la table des matières.)

A mon avis, c'est là « l'œuvre tout Françoes et de langue et de sujet et d'ortografe » que le président promettait en 1611 à l'ami lecteur. Mais sa promesse ne fut pas tenue conformément à ses vœux. Il était décédé dans l'intervalle et son héritier, en faisant cette publication posthume, n'osa point continuer la campagne de réforme orthographique que le défunt ne pouvait plus soutenir. Ce qui autorise cette interprétation, c'est que le portrait de Léonard Gautier, placé en tête de l'ouvrage et daté de 1615, deux ans avant la mort du président, a son exergue et sa légende en orthographe prétendue réformée. ANTOENE DE LESTANG, PRÉSIDANT AU PARLEMANT DE TOULOUZE. Nous avons reproduit plus haut la légende rimée.

L'ouvrage est divisé en six livres ; le premier traite des premières expéditions des Gaulois, sans remonter plus haut qu'à leur première descente au-delà des Alpes, sous la conduite de Sigovèze et Bellovèze, du temps de Tarquin l'Ancien, 600 ans avant l'ère chrétienne. Il passe ensuite à la seconde expédition sous la conduite de Brennus, 200 ans après la première. Le second livre traite de la religion, de la justice, police et mœurs des anciens Gaulois; le troisième de l'état des Gaules sous la domination romaine; le quatrième de l'origine des Goths et de l'empire des Visigoths dans les Gaules; le cinquième des rois et ducs d'Aquitaine, et le sixième de l'état de la France sous le règne de Hugues Capet et des rois ses successeurs, jusqu'au roi Jean.

Le Père Lelong, ou plutôt Fevret de Fontette son continuateur, apprécie ainsi cet ouvrage : « Ce livre est écrit assez nettement et d'assez bon sens, comme il convient à un homme de condition; on y trouve même quelques remarques assez curieuses. Mais comme ce n'est qu'un simple abrégé et que l'auteur s'y est attaché particulièrement à ce qui regarde l'Aquitaine ou le Languedoc qui était son pays, il ne peut être d'une utilité bien grande pour l'histoire générale de France. V. Lenglet, *Méthode historique*, t. IV, p. 7. » Ce qui est relevé par Fevret comme un défaut sera peut-être pour d'autres une qualité. L'histoire générale ne manque pas d'informations tandis que l'histoire provinciale en est pauvre, et ces particularités de l'histoire d'Aquitaine et de Limousin ne sont même pas, à notre gré, assez nombreuses dans l'ouvrage du président. A propos des femmes des Goths, qui étaient de véritables amazones, il ne nous déplaît pas, quoique cela intéresse peu l'histoire générale, de voir défiler les noms des dames d'Auvergne et de Limousin qui, du temps de l'auteur, ne cédaient « à chevalier adroit qu'il soit, à monter à cheval, les manier, dresser, tirer de toutes sortes d'armes, de pistolets, d'harquebuzes, présenter des duels, en dresser les cartels et faire tout ce qui appartient à la dignité d'un brave et généreux chevalier, avec une grâce vénérable et admirable qui les accompagne, soient-elles en habit de chevaliers ou de femmes » (1).

Moréri attribue encore au président de Lestang un

---

(1) Livre IV, p. 188.

Traité de la réalité du Saint-Sacrement de l'autel, dont nous n'avons trouvé aucune autre trace. Quant à l'Histoire de la nation gothique, le P. Lelong énonce qu'elle se trouve au 4$^{me}$ livre de l'Histoire des Gaules. C'est un double emploi.

Antoine de Lestang mourut à Castres le 9 janvier (et non le 9 décembre) 1617 (1), en exercice de ses fonctions de président de la Chambre de l'édit. Son corps fut transporté à Toulouse et inhumé dans l'église des Cordeliers (2), d'après Moréri. Pourtant on voit encore aujourd'hui dans la cathédrale de Saint-Étienne de Toulouse un beau mausolée élevé à sa mémoire et dont l'inscription démontre que c'est là que reposent ses restes.

Ce mausolée est un remarquable objet d'art. Son érection donna lieu à quelques difficultés. Le président avait légué les fonds nécessaires pour faire reconstruire une des portes latérales du chœur de Saint-Étienne (côté de l'épître), et son tombeau devait être érigé contre cette porte, par les soins de ses cohéritiers. Le meilleur sculpteur de Toulouse, Arthur Legoust, fut chargé par eux de l'exécution. En 1623, on travaillait aux piliers de cette porte de pierre et de marbre. Legoust sculptait la statue de marbre diversement colorié du président, et ses héritiers la faisaient placer dans une des niches intérieures

---

(1) Toutes les biographies du président, sans exception, donnent cette date erronée du 9 décembre 1617, comme étant celle de sa mort. L'erreur provient d'une mauvaise lecture de son épitaphe. Il y a sur l'inscription que nous reproduirons tout-à-l'heure : MDCXVII DIE IX, et non MDCXVII DEC. IX, c'est-à-dire le 9e jour de l'année 1617 et non le 9 décembre 1617. Cette manière de dater, pour le premier mois de l'année, n'était pas la plus usuelle, mais était employée quelquefois. Nous en avons donné un autre exemple (*Archives historiques de la Corrèze*, p. 174). Ajoutons que la forme MDCXVII DEC. IX, sous-entendu *die*, n'est pas plus usitée en style lapidaire. Le premier biographe aura mal lu, les autres ont reproduit sans contrôler, ce qui arrive souvent en matière de biographie.

(2) Peut-être y fût-il déposé à titre provisoire.

de la porte, avant même que celle-ci fût terminée. Le chapitre de la cathédrale s'émut, trouvant que cette entreprise dépassait la concession accordée au président, en permettant de l'ensevelir dans le chœur, honneur qui n'avait été accordé jusque-là qu'aux archevêques et aux prévôts, et que cette statue allait se trouver en parallèle avec celle de saint Étienne placée en regard du grand-autel, au-dessus de la porte, du côté de l'évangile. Cette première protestation capitulaire eut lieu le 23 décembre 1623. Les héritiers du président résistèrent, une nouvelle protestation intervint le 26 janvier. Les choses traînèrent et le 4 avril 1626 une transaction fut adoptée. Le chapitre décida qu'une statue de la Vierge, dont le modèle était présenté par Legoust, serait placée dans la première niche extérieure de la porte et la statue du président dans la seconde. Le président n'était plus ainsi au même rang que saint Étienne, il ne paraissait plus regarder l'autel mais la Vierge. « Ces deux statues (dit M. Jules de Lahondès dans son bel ouvrage *Toulouse chrétienne* (Toulouse, Privat, 1890), auquel nous empruntons ces renseignements), ces deux statues dont la facture est souple et large sont peut-être les plus belles œuvres de la sculpture toulousaine qui nous restent. Le grave parlementaire est représenté à genoux, les mains jointes, priant devant la Vierge et l'enfant Jésus. La vérité sobre et ferme du visage, le recueillement de l'attitude, l'ampleur des vêtements, de même que la grâce aisée et sans manière du groupe de la Vierge et de l'enfant, n'ont guère été égalés depuis... La figure et les mains, la robe de la Vierge, celle du Président et l'hermine sont colorées diversement par des marbres blancs et rouges, mais cette variété que l'art grec avait adoptée pour quelques-unes de ses compositions les plus sévères, n'altère en rien la grave sévérité de ces statues » (1).

---

(1) Cette belle œuvre a été longtemps attribuée à Gervais Drouet qui a sculpté la lapidation de saint Étienne au retable du grand-

L'épitaphe est sur une plaque de marbre noir et ainsi conçue :

MEMORIÆ
ILLUSTRISSIMI VIRI ANTONII
DE LESTANG
S. CONSISTORII CONSILIARII ET TOL. SENATV$^S$
PRÆSIDIS AMPLISSIMI, QUI PRÆCIPUA
GENERIS NOBILITATE, MORUM CANDORE
ET INTEGRITATE VITÆ, REGNI PROCERIB$^S$
ET REGIBUS IPSIS SUB QUIBUS VIXIT CARIS-
SIMUS, VIRTUTE PAR FUIT. HIC RESURREC-
TIONEM EXPECTAT. OBIIT AN. REPARAT. SAL.
MDCXVII DIE IX, ÆTAT. SUÆ LXXVI,
R. I. P. A.

Antoine de Lestang avait fait son testament le 17 juin 1613. Nous connaissons ses dernières dispositions par

---

autel de la cathédrale; mais elle a été rendue, par des documents positifs, à son véritable auteur Arthur Legoust, artiste bien supérieur à Drouet. — La statue du président de Lestang eut à conjurer de nouveaux dangers lorsqu'on reconstruisit les portes du chœur pour y placer des grilles de fer. Cette décision fut prise par le chapitre le 31 mars 1764. Le serrurier chargé du travail demanda la démolition des mausolées des portes du chœur, parce que ces portes étaient trop étroites pour son projet d'ornementation. Les mausolées furent condamnés, mais le 4 juillet 1765, le chapitre reçut une opposition de M. de Castelnau comme héritier du président. Une transaction intervint encore. Il fut convenu que la porte serait reconstruite mais que la statue de la Vierge et celle du président, soigneusement conservées, seraient replacées dans la nouvelle porte comme elles l'étaient dans l'ancienne. — Je prends à la même source ces indications dont je dois la connaissance à mon ami M. Eugène Trutat, directeur du musée d'histoire naturelle de Toulouse. Son obligeante entremise m'a aussi procuré l'avantage de pouvoir joindre à ma notice la reproduction d'un dessin de la statue du président de Lestang dû au crayon de l'auteur de *Toulouse chrétienne*, qui a le rare privilège d'illustrer de sa main ses savants ouvrages. J'adresse ici mes remerciements à M. de Lahondès, à M. Privat son éditeur, et à M. Trutat.

**STATUE D'ANTOINE DE LESTANG**
A LA CATHÉDRALE DE TOULOUSE

l'important procès auquel elles donnèrent lieu, et qui est rapporté dans le *Journal des audiences du parlement de Paris*. Elles ne brillaient ni par la simplicité ni par la clarté. Nous en résumons les principales clauses :

Il fait et nomme son héritier Mess. Christophe de Lestang son frère, évêque de Carcassonne et maître de la chapelle du roi, lequel il prie d'accomplir cette sienne disposition et d'assister sa femme en toutes ses affaires... Veut et ordonne que ses biens, après le décès de son frère et de l'usufruituaire, appartiennent sans distraction de quarte à un mâle portant le nom et armes de la famille de Lestang et ainsi toujours dans l'avenir, sans que sur iceux on puisse prétendre en aucun temps aucun droit de légitime ou de quarte trébellianique.

Veut et ordonne que lesd. biens soient acquis perpétuellement au mâle plus proche étant de la famille et du nom de Lestang, portant le nom et armes, qui soit de robe longue, faisant profession de lettres, non toutefois ecclésiastique.

Veut toutefois et ordonne qu'après le décès de sa femme et de l'héritier susnommé, Christophe de Meynard son neveu (fils de sa sœur Jeanne et de François Meynard) jouisse de ses biens; après lui, les siens mâles et descendant de lui et l'un d'eux seulement, successivement, l'un après l'autre, gardant l'ordre de primogéniture et faisant, ainsi qu'il est dit, profession de lettres ou étudiant pour être pourvu à un degré de licencié et de docteur en droit civil et canon, à la charge que son dit neveu et les mâles descendant de lui, possesseurs de ses biens, porteront les nom et armes de Lestang, sans que ces biens puissent être jamais déportés, vendus ou aliénés, et à la condition qu'ils appartiendront à un seul mâle.

Et venant à défaillir de mâles de sond. neveu de Meynard ou n'étant de la profession de lettres, veut que ses biens reviennent entièrement à son cousin M. [Guillaume] de Lestang, conseiller au présidial de Brive, et après lui à l'un de ses enfants mâles qui sera le plus proche... et à un seul sous la susd. loi, que ses biens ne seront jamais divisés et qu'ils seront perpétuellement possédés par un seul de lad. profession de lettres et robe longue et qui ne soit ecclésiastique.

Et venant à défaillir les mâles de sond. cousin de Lestang, veut que ses biens viennent à celui des mâles de Lestang, portant les nom et armes, qui sera le plus proche, toujours aux conditions ci-dessus...

L'évêque de Carcassonne hérita d'abord, après lui Christophe de Meynard de Lestang, qui décéda en 1669. Son fils Jean recueillit ensuite la substitution. Il mourut en 1681. Daniel, fils de Jean, en bénéficia après son père et décéda sans enfants.

La ligne masculine de Christophe étant ainsi défaillie, M. Étienne de Lestang, comme mâle descendant de Guillaume de Lestang, conseiller au présidial de Brive, réclama les biens contre la demoiselle de Meynard de Lestang, sœur de Daniel.

Celle-ci objecta qu'Étienne de Lestang n'était pas dans les conditions voulues pour recueillir la substitution. En effet, au moment où elle s'était ouverte, le dit Étienne exerçait la profession des armes ; mais aussitôt et pour se porter prétendant, il avait pris à la hâte quelques grades juridiques et acheté une charge d'avocat au grand conseil. Il obtint pourtant gain de cause en première instance et en appel, et le parlement de Paris, par arrêt du 13 décembre 1711, décida qu'Étienne Guilhon de Lestang ayant la masculinité, le nom et les armes, quoique manquant des autres qualités, recueillerait la substitution (1).

---

(1) *Journal des audiences du parlement de Paris*, 1751, t. VI, p. 155 et suiv. L'affaire y est très longuement développée.

## CHRISTOPHE DE LESTANG

Christophe de Lestang était beaucoup plus jeune que son frère Antoine. C'est lui, pourtant, qui dirigea les destinées de la famille. Par son exemple, son influence, l'évêque âgé de moins de 30 ans et déjà des plus en vue dans un parti puissant, entraîna le magistrat quinquagénaire, qui sans cette excitation aurait vécu et serait mort sans doute lieutenant général de Brive. Il fut un de ces prélats remuants, batailleurs, intrigants, comme la Ligue en eut à son service. Dans ce groupe d'évêques mêlés activement aux guerres civiles, délaissant leur cathédrale pour suivre la lutte dans les conseils ou dans les camps, portant tour-à-tour la mitre et la cuirasse, quelques-uns se montrèrent plus fougueux et plus bruyants, aucun n'eut une action si persévérante et si efficace. L'évêque de Lodève, sans mettre l'épée à la main, fut un des meilleurs généraux de la Ligue en Languedoc.

Christophe de Lestang naquit à Brive en 1560. Dès son enfance il fut destiné aux ordres sacrés. Sa qualité de petit-neveu d'un cardinal et de trois évêques (1), en lui assurant de brillantes protections, lui permettait d'aspirer aux hautes dignités ecclésiastiques. En effet, le chancelier de Birague, alors évêque de Lodève, l'admit dans sa maison comme page, surveilla son éducation, et lorsqu'il se démit de son évêché en 1580, le présenta et le fit agréer pour son successeur. Mais Christophe avait à peine 20 ans et il dut obtenir une dispense spéciale

---

(1) Thomas du Prat, évêque de Clermont, mort en 1528, Jean du Prat, évêque de Montauban, en 1520, Claude du Prat, évêque de Mende, en 1528, frères-germains ou consanguins d'Antoine du Prat et d'Anne du Prat, celle-ci grand'mère maternelle de Christophe de Lestang; sans parler de Guillaume du Prat, évêque de Clermont en 1528, et de Nicolas Dangu, évêque de Séez, puis de Mende en 1545, le premier, fils du chancelier, le second son bâtard légitimé.

du pape. Sacré l'année suivante (1), il fit son entrée solennelle à Lodève le 15 juin 1581. Le jeune évêque, dès les débuts de son épiscopat, montra beaucoup de zèle contre l'hérésie. Il avait sucé les principes de son bienfaiteur, qui d'après quelques écrivains fut un des instigateurs de la Saint-Barthélemy. Dès qu'il se fut fait connaître, pour l'encourager dans son apostolat et lui donner les moyens de l'étendre, Henri III lui accorda, dit-on, une pension de 12,000 écus. Dotation énorme, près de 200,000 francs d'aujourd'hui (2). On le sait déjà, ce fut un homme politique plus qu'un prélat; toutefois, par une grande dignité de vie, l'invariabilité de ses convictions et des talents peu communs, il sut se concilier l'estime de ses adversaires eux-mêmes (3). Doué d'une parole facile, grand discoureur, homme de jugement et d'énergie, sachant manier les assemblées, toutes les affaires de son parti, finances, ambassades, traités, n'eurent pas d'agent plus actif, plus dévoué et plus habile. Parfois même il prit part aux actions de guerre. Sa biographie, s'il fallait en suivre tous les détails, embrasserait l'histoire entière de la Ligue en Languedoc et des longues luttes de Montmorency, puis des Joyeuses sous Henri III et Henri IV, jusqu'à la paix.

Tout d'abord, l'évêque de Lodève marcha d'accord avec le maréchal de Montmorency (4). En 1582 (8 mai), le gouverneur du Languedoc lui ordonna de détruire la grande tour du palais épiscopal sis à Saint-André, pour tranquil-

---

(1) D'après Moréri, il eut encore besoin d'une autre dispense. Il avait une telle aversion pour le vin qu'il fut autorisé à employer de l'hypocras à son sacre.
(2) D'après Leber, *Appréciation de la fortune privée au moyen âge*.
(3) La Bibliothèque nationale, département des estampes, possède un portrait inédit (dessin au lavis, à l'encre de Chine) de Christophe de Lestang. Nous en donnons une reproduction.
(4) Henri I*er*, duc de Montmorency, maréchal de France, 1567; connétable, 1593; mort en 1614.

liser les sectaires de ce gros bourg qui craignaient que les catholiques ne s'en emparassent. Il obéit mais la concession lui coûta. La même année, le 1ᵉʳ octobre, il assista aux États qui furent tenus à Béziers au mois d'octobre par Montmorency. Une partie de la province et trois évêques seulement s'y rendirent. La brouillerie du maréchal de Montmorency et du maréchal de Joyeuse (1) survint bientôt après. Anne de Joyeuse, le favori de Henri III, était parvenu à tourner le roi contre le rival de son père.

En 1583, Henri III écrivit à l'évêque de Lodève pour lui faire part de ses griefs contre Montmorency qui, disait-il, tentait de soustraire le Languedoc à l'autorité royale. Il invitait le prélat à prendre des mesures pour le contre-carrer (2). L'évêque s'engagea alors dans le parti de Joyeuse. Il gagna les habitants de Lodève et de Clermont-Lodève qui donnèrent leur concours à Joyeuse et firent quelques prises sur Montmorency. Celui-ci fut très irrité contre son ancien allié, et pour se venger s'empara quelque temps après de Clermont-de-Lodève. Un peu plus tard, au mois d'octobre 1585, il assiégea l'évêque renfermé dans sa ville épiscopale. Christophe se défendit et la place tint bon quelques jours. Mais les habitants ne partageaient pas complètement les sentiments de leur évêque et s'irritaient de sa résistance. Redoutant quelque trahison de leur part il se résolut à capituler. La composition eut lieu le 18 octobre. Il put se retirer, mais Montmorency fit raser le palais épiscopal que Christophe venait de terminer et s'empara des revenus de l'évêché (3). L'évêque de Lodève resta privé de sa mense pendant de longues années et ne rentra à Lo-

---

(1) Guillaume, vicomte de Joyeuse, d'abord évêque d'Alet, maréchal de France en 1579, mort en 1592.
(2) *Gallia Christiana*, Évêques de Lodève, t. VI, p. 572. — Fisquet, *La France pontificale*, Évêché de Lodève, p. 445. — *Hist. de Languedoc*, t. V, livre XLI, p. 385.
(3) Moréri, Fisquet, *Hist. de Languedoc*, liv. XLI, p. 409.

dève qu'à la paix. Le pasteur et son troupeau vécurent séparés, dans deux camps différents, l'évêque ligueur, les vicaires généraux, les consuls et le peuple de Lodève royalistes (1). Le prélat évincé résida désormais, tantôt à Toulouse, tantôt à Narbonne, et parfois dans les camps, en compagnie du maréchal de Joyeuse. Henri III qui appréciait ses services, comme on l'a vu, s'empressa de le dédommager de la perte de ses revenus épiscopaux. Par lettres patentes du 20 décembre de cette année, enregistrées au parlement de Toulouse le 15 février suivant, il lui donna la maison épiscopale et tous les revenus de l'évêché de Carcassonne dont Montmorency jouissait sous le nom d'un de ses bâtards (2). A partir de cette époque on désigne quelquefois Christophe comme évêque de Carcassonne, mais c'est par erreur car il conserva le titre d'évêque de Lodève jusqu'en 1602 (3). La libéralité royale ne se borna pas là. Plusieurs riches abbayes, Masgarnier, la Grasse, Montolieu et Saint-Pierre d'Uzerche lui furent aussi octroyées. Il obtint enfin vers le même temps une place de conseiller au parlement de Toulouse (4). Son concours était précieux puisque la rémunération en était si large.

Le Languedoc partagé en deux camps et la lutte engagée, il fallait à l'un et l'autre chef beaucoup d'argent pour la paye des soldats et les opérations des armées. C'est la province elle-même qui faisait les frais de la guerre dont elle était victime. L'apparence de la régularité dans la perception de ces subsides était conservée par le concours des États provinciaux auxquels on les faisait voter. Joyeuse et Montmorency les convoquaient chacun de son côté, dans les pays de son obéissance, toutes les fois que l'argent manquait ou qu'il y avait

---

(1) *Hist. de Languedoc*, t. V, liv. XLI. *Gall. Christ.*, t. VI, p. 572.
(2) Moréri, Fisquet, *Gall. Christ.*
(3) *Gall. Christ.*, t. VI, p. 572.
(4) *Gall. Christ.*, t. VI, p. 572. — Fisquet, Év. de Lodève.

une grave résolution à prendre. C'est sur ce terrain que l'assistance de l'évêque de Lodève était particulièrement utile. Au mois d'octobre 1583, il s'était trouvé aux États de la Ligue tenus à Albi, par ordre du duc de Mayenne. Son rôle n'était pas encore très accentué. Aux États qui s'ouvrirent le 3 mars 1586 à Carcassonne son influence était dessinée. Il fut nommé député pour se rendre en cour vers le roi afin d'en obtenir des secours. Le roi lui donna audience et l'assura qu'il enverrait incessamment une armée en Languedoc.

Aux États suivants tenus à Castelnaudary le 4 août, il fit le rapport de sa mission. En portant à la connaissance de l'assemblée la promesse formelle du roi, il demanda le vote des subsides nécessaires pour l'entretien de cette armée qui serait commandée par le duc de Joyeuse, fils du maréchal (1). Les États votèrent un subside de 100,000 écus. C'était maigre pour une armée dont les prévisions de dépense étaient de 80,000 écus par mois, aussi ne fut-elle pas mise sur pied (2).

L'évêque de Lodève comparut de même aux États tenus à Carcassonne en octobre 1587, à ceux de Toulouse en février 1588, à ceux de Limoux en décembre même année. Il eut souvent la présidence et prononça des discours très écoutés dans le sens de la lutte à outrance.

Le 15 avril 1589, les États du parti ligueur se réunirent encore à Castelnaudary. Cette assemblée rédigea des articles d'union et de ligue qui devaient être jurés solennellement par tous les assistants. L'évêque de Saint-Papoul, qui présidait, jura le premier, sur le *Te igitur* et la croix, entre les mains de l'évêque de Lodève, et celui-ci jura le second entre les mains de l'évêque de Saint-Papoul, puis les seigneurs, les magistrats et les députés du tiers. Ensuite, un conseil de finance et de guerre fut institué pour résider auprès du maréchal de

---

(1) Anne de Joyeuse, qui fut tué l'année suivante à Coutras.
(2) *Hist. de Languedoc*, liv. XLI.

oyeuse et le suivre partout où il se transporterait. L'évêque de Lodève fut le premier conseiller élu aux gages de 110 écus par mois (1). A partir de ce moment il ne quitta plus le maréchal.

Après la mort d'Henri III, la lutte ne fut que plus acharnée. Aux États de Lavaur, le 15 novembre 1589, l'évêque de Lodève présida les premiers jours, puis l'évêque de Saint-Papoul comme plus ancien. Christophe de Lestang répondit au nom de l'assemblée au discours de Joyeuse. Tous les assistants jurèrent ensuite de ne pas reconnaître le roi de Navarre. Les articles du serment furent rédigés par les évêques de Lodève et de Lavaur, les députés de Toulouse et de Narbonne. L'année suivante, le 20 mai, les États furent encore convoqués dans la même ville. Ils furent tenus sous l'obéissance « du roi Charles X à présent régnant. » L'évêque de Lodève y assista.

Quelque temps après, Christophe fut chargé par le conseil de la Ligue d'une mission près le roi d'Espagne pour le remercier des secours en hommes et en argent qu'il avait envoyés en Languedoc, et l'exhorter à continuer. Il resta huit mois en Espagne, représentant attitré de la Ligue, négociant avec Philippe II, admis dans ses conseils. A son retour en France en janvier 1592, le maréchal de Joyeuse venait de mourir, et Mayenne avait nommé le fils du défunt (Antoine-Scipion duc de Joyeuse, chevalier de Malte, grand-prieur de Toulouse) gouverneur et lieutenant général de l'État et couronne de France dans la province du Languedoc et pays adjacents, en remplacement de son père. Le nouveau gouverneur tint les États à Toulouse au mois de février sous l'autorité du duc de Mayenne. Christophe de Lestang y présida. Il répondit au discours du duc de Joyeuse et fit l'éloge du feu maréchal en exaltant surtout son ardeur pour la Ligue. L'assemblée entendit ensuite son rapport sur sa mission

---

(1) *Hist. de Languedoc*, t. V, liv. XLI, p. 435 et suiv,

**CHRISTOPHE DE LESTANG**
(D'après un dessin conservé à la Bibliothèque nationale.)

en Espagne. Les États lui votèrent 2,000 écus de gratification outre les 500 écus qu'ils lui avaient donnés pour son voyage. Le gouverneur, que Mayenne honora bientôt après du bâton de maréchal de France, entra en campagne, mais le cours de ses exploits fut promptement rompu. Il trouva une mort misérable au siège de Villemur. Mis en fuite, il voulut passer le Tarn à la nage et se noya (19 octobre 1592). Christophe de Lestang l'avait accompagné à ce siège. Dans la déroute, il perdit ses coffres, hardes et chevaux (1).

Le cardinal de Joyeuse (2) eut un instant la succession de son frère le maréchal, mais il se démit et ce fut son autre frère le P. Ange de Joyeuse (3), capucin, qui fut nommé lieutenant général et gouverneur après avoir quitté le froc. Son premier soin fut de convoquer les États de son parti. Ils se réunirent à Carcassonne le 14 novembre. L'assemblée reconnut son nouveau chef, lui vota des fonds et lui nomma un conseil de finance dont l'évêque de Lodève fit partie (4).

L'année suivante il y eut une nouvelle convocation des États à Albi. Christophe de Lestang y présida. Henri de Joyeuse demandait que la trêve conclue entre les deux partis fût rompue. L'évêque de Lodève combattit cet avis, soutint au contraire la nécessité de la suspension d'armes pour le bien public, « sans se départir toutefois du saint parti de l'Union ». Ses conclusions furent suivies et l'assemblée résolut de réitérer solennellement le serment de l'Union, de ne reconnaître aucun roi qui ne fût catholique et approuvé du pape. Le car-

---

(1) *Hist. de Languedoc*, livre XLI, p. 460.

(2) François, archevêque de Narbonne, cardinal en 1583, puis archevêque de Toulouse, mort en 1615.

(3) Henri, entré dans l'ordre des Capucins après la mort de sa femme, en sortit après la mort de son frère pour se mettre à la tête de la Ligue, reprit l'habit monastique en 1599 et mourut en 1608.

(4) *Hist. de Languedoc*, livre XLI.

dinal de Joyeuse étant arrivé, les gens des États se rendirent dans le chœur de la cathédrale, le dernier d'octobre, et l'évêque de Lodève y ayant célébré la messe du Saint-Esprit, tous les assistants renouvelèrent le serment de l'Union. A la reprise des séances, ce fut encore l'évêque de Lodève qui répondit au discours du cardinal. Au nom des États, il protesta de leur zèle pour la foi et de leur dévouement pour la maison de Joyeuse. Avant de se séparer l'assemblée vota à l'évêque de Lodève, « intendant des affaires du pays, » une gratification de 2,000 écus pour le dédommager des pertes qu'il avait faites au désastreux siège de Villemur où il était, à cause de sa charge, auprès du feu duc de Joyeuse (1). Les États prirent fin le 19 novembre 1593.

Mais les affaires d'Henri IV s'amélioraient, grâce à ses victoires. Il venait d'être sacré à Reims et Paris lui avait ouvert ses portes (22 mars 1594). D'autre part sa conversion avait eu lieu l'année précédente. Le parlement de Toulouse était toujours enragé ligueur, mais quelques magistrats commençaient à se détacher. C'est l'époque de la mission d'Antoine de Lestang.

Une nouvelle trêve avait été conclue : comme les précédentes, elle fut bientôt rompue. Montmorency, Joyeuse, chacun de leur côté, convoquèrent leurs États pour obtenir des subsides. Le 9 mai 1594, aux États ligueurs qui s'ouvrirent à Lavaur, l'évêque de Lodève présida. On renouvela le serment de l'Union avec promesse de ne prendre aucun parti sans le consentement du parlement et du duc de Joyeuse, et de ne point reconnaître Henri IV pour roi de France que les États n'eussent été ouïs pour déduire leurs intérêts. On voit le chemin qui avait été fait. La reconnaissance du roi légitime n'est plus maintenant qu'une question d'intérêt. L'ardeur de Christophe de Lestang était en train de se calmer. Il alla alors résider à Toulouse et s'occupa un

---

(1) *Hist. de Languedoc*, livre XLI.

peu plus de l'exercice de ses fonctions épiscopales; il fut choisi pour bénir avec pompe la châsse d'argent dans laquelle était enfermée la plus précieuse relique du Languedoc, le chef de saint Thomas-d'Aquin. Cette cérémonie fut accomplie le 24 mai 1595 (1).

Henri IV offrait la paix au parlement et au duc de Joyeuse. Aymeric de Vic, conseiller d'État, fut envoyé à Toulouse pour cette négociation. Malgré quelques tentatives d'émeute de la part des ligueurs les plus fanatiques, les pourparlers s'engagèrent. Les États, rassemblés de nouveau à Lavaur, dressèrent des articles pour être présentés au roi et nommèrent une députation pour se concerter avec le parlement. L'évêque de Lodève était le chef de cette députation. Il négocia avec de Vic et le parlement, les articles furent arrêtés et de Vic partit pour les porter au roi. A son retour à Lavaur, l'évêque fit le rapport de sa mission et les États se prorogèrent pour attendre la réponse du roi (2).

Henri IV accorda les demandes des États, mais se montra moins facile pour celles de Joyeuse. Celui-ci essaya de susciter de nouveaux troubles. C'est alors que la majorité du parlement se transporta à Castel-Sarrazin. Les hostilités allaient se rouvrir lorsque les États se réunirent à Toulouse, le 7 mai, pour entendre la réponse du roi. L'évêque de Lodève présida, et discourut comme d'habitude. Il opina pour la continuation de la trêve, tout en demandant qu'on renouvelât le serment d'union sous l'autorité du duc de Joyeuse et que des préparatifs fussent faits pour la guerre. La guerre fut en effet reprise un instant. Les royalistes eurent des avantages. Ventadour (3), lieutenant général pour Montmorency, brûla

---

(1) *Gall. Christ.*, t. VI, p. 572, Év. de Lodève.
(2) *Hist. de Languedoc*, livre XLI.
(3) Anne de Lévis, duc de Ventadour, lieutenant général du connétable en Languedoc. Il était en même temps gouverneur du Limousin.

quelques gros bourgs, menaça Toulouse. Joyeuse, de son côté, se livra à quelques déprédations, puis une trêve fut conclue.

Cependant Mayenne avait fait sa paix. Joyeuse se décida aussi à traiter. Il convoqua le 8 août ses États à Toulouse, sous la présidence de l'évêque de Lodève. Une commission fut nommée pour dresser des articles de paix, de concert avec des députés du parti royaliste. L'évêque fut le principal rédacteur de ce projet de pacification qui aboutit enfin à un heureux résultat. Henri IV, qui pouvait désormais parler en maître, imposer sa volonté aux brouillons, eut pitié de ce malheureux pays, fit toutes les concessions (1).

Au mois de janvier 1596 fut signé l'édit de Folembray. Les demandes de Joyeuse ou articles secrets furent l'objet d'un édit séparé. Joyeuse convoqua aussitôt les États de son parti pour le 25 janvier à Toulouse. L'évêque de Lodève, président, fit un grand discours dans lequel il déclara qu'il n'y avait plus aucune difficulté à reconnaître Henri IV après l'abolition que le Pape lui avait accordée. L'assemblée se rallia à l'unanimité à cette déclaration. Le 13 mars, le parlement enregistra l'édit. Un *Te Deum* fut chanté à l'église des Augustins, puis toute l'assemblée se rendit sur la place Rouaix où était dressé un feu de joie. Le duc de Joyeuse, l'évêque de Lodève pour le clergé, le baron d'Ambres pour la noblesse et un capitoul pour le tiers-état mirent le feu aux quatre coins du bûcher, chacun avec un flambeau qui lui fut présenté par un officier de la province. Des réjouissances populaires suivirent. Une députation ayant pour chef l'évêque de Lodève fut envoyée au roi pour l'assurer de l'inébranlable fidélité de ses sujets dans l'avenir (2). Ainsi finirent ces luttes fratricides dans lesquelles Christophe de Lestang avait joué durant seize ans un des

---

(1) *Hist. de Languedoc,* livre XLI.
(2) *Hist. de Languedoc,* livre XLII.

premiers rôles. Les articles secrets contenaient de nombreuses dispositions le concernant, ainsi que son frère Antoine. Nous en donnons la transcription avec les réponses du roi.

Art. XLIII. Plus confirmer aud. sieur cardinal (de Joyeuse) le concordat et permutation faite entre messire Christophe de Lestang, evesque de Lodève, de l'évesché d'Aleth et de l'abbaye d'Aunes, avec faculte de résigner led. évesché d'Aleth à personne capable. *Accordé.*

. . . . . . . . . . . . . . . . . . . . . . . .

LIX. Sera Sa Majeste suppliée commander les lettres de provision de l'office de président en la cour du parlement de Toulouse, vacant par la résignation du sieur Meynial, estre expédiées à maistre Anthoine de l'Estang, sans payer finance, auquel il a esté receu, et plaira à sad. Majesté confirmer lad. réception. *La provision dud. président de l'Estang sera confirmée.*

LX. Plus luy accorder la pension de 425 escus par an que prenoit le sieur Lathomi, prédécesseur dud. sieur de Meynial, et que tant lad. pension que gages de 1,200 livres affectés aud. office lui seront payez des jour et date de ses lettres de provision, pour en estre payé sur les deniers des receptes générales de Languedoc, en conséquence des provisions qu'ils en auront obtenues dud. sieur duc du Maine...... *Les affaires particulières dud. président de l'Estang n'ayant rien de commun avec le présent traité, Sa Majesté réserve à y répondre par la voye ordinaire sur les requestes et placets qui luy seront présentez de sa part.*

LXI. Accorder aud. sieur de l'Estang qu'il sera payé de 200 écus de gages de l'office de président de Brive, qu'il souloit cy devant tenir, lesquels luy sont dus des années 89, 90, 91, 92 et 93, revenant à la somme de 1,000 écus, et ce par le receveur général de Limoges sur lequel lesd. gages luy sont assignez.....

LXII. Que led. sieur de l'Estang sera payé de ce qui se trouvera estre deub des susdictes années par le payeur des gages du siège présidial de Brive, des gages des offices de lieutenant général, conseiller et garde des sceaux que led. sieur de l'Estang souloit cy devant tenir et jouir.

LXIII. Plus accorder aud. de l'Estang le payement de

2,940 écus, 26 sols 6 deniers, de laquelle feu maistre Estienne de l'Estang son père et luy ayans esté assignéz sur la recepte générale de Limoges, des années 1577 et 78 pour le payement de leurs pensions et autres récompenses, ils n'auroient receu aucun payement.....

LXIV. Confirmer à messire Pierre Pulmera (1), neveu dud. sieur de l'Estang, l'évesché d'Aire, de laquelle led. Pulméra auroit esté recommandé en faveur du sieur président, avec rétention de 4,000 livres de pension annuelle pour led. sieur president. — *Sa Majeste a disposé desd. évesché et abbayes à mesmes qu'elles ont vacqué en faveur de ses serviteurs, auxquels elle ne les peut oster.*

LXV. Confirmer audit de l'Estang, évesque de Lodève, les abbayes de Montolieu, diocèse de Carcassonne, ordre de Saint-Benoist, vacante par le décès de mess. Bertrand Corregere, et de Nostre-Dame de Simorre, au diocèse d'Auch, vacante par le décès de M. le cardinal de Guise, et aussi l'abbaye de Saint-Serni, au diocèse de Tarbes, vacante par le décès de..... qui ne sont toutes trois que de 3,000 escus de revenu annuel, et révoquer tous autres dons qui en pourroient avoir esté faits comme nuls.

LXVI. Accorder auxd. sieurs de l'Estang, évesque et président, les grades et qualitez de conseillers au conseil d'estat et privé. *Quand les choses seront résolues et que Sa Majesté aura este informée de la bonne intention qui y avoit este apportée par lesd. sieurs de l'Estang, elle les honorera de la qualité et les gratifiera en autres choses de ce qu'elle pourra*..... (2).

L'existence de Christophe de Lestang fut désormais plus tranquille. Il rentra dans son évêché et s'occupa d'une administration qu'il avait trop longtemps négligée. Ses actes épiscopaux, rapportés par le *Gallia Christiania* et la *France pontificale*, n'ont qu'un intérêt purement local. Il présida encore plusieurs fois les États tenus dans diverses villes du midi.

En 1602, il se fit représenter au concile provincial, à

---

(1) Lire Polverel.
(2) *Hist. de Languedoc*, t. V, Preuves, pages 336, 339.

Narbonne, par Étienne Vernet, archidiacre de la cathédrale de Lodève et son vicaire général. A cette époque il passa à l'évêché d'Alet qu'il ne garda que quelques mois, et dont il fit pourvoir son neveu Pierre Polverel.

Transféré en 1603 à l'évêché de Carcassonne, il prit possession par procureur le 24 septembre et fut installé en personne au mois de novembre 1604. Il figure en qualité d'évêque de Carcassonne dans les cahiers du clergé de France de 1606. Henri IV, dont il se montra loyal et dévoué sujet, lui emprunta 18,000 livres, en lui remettant en gage des papiers d'État et une épée enrichie de pierreries.

L'évêque de Carcassonne assista en 1608 à l'assemblée générale du clergé de France, et l'année suivante au concile provincial de Narbonne. Le 20 septembre 1610, les États de Languedoc réunis à Pézenas le députèrent pour présenter à Louis XIII les assurances de leur fidélité. Après cette date il paraît avoir résidé plus souvent à Paris, près de la cour, que dans son diocèse. Il entrevoyait de plus hautes ambitions, qui ne furent pas servies par les évènements. En 1611, il présenta à l'abbaye de Saint-Denis le corps du jeune duc d'Orléans pour y être enseveli. En 1614, il assista aux États-généraux comme député de son clergé. Rappelé dans sa province par les mouvements survenus à la suite de l'arrestation du prince de Condé, il fut une fois encore (en 1617) député à la cour par les États de Languedoc. Revenu à Paris en 1619, il présida, dans l'église des Minimes de la place Royale, à la cérémonie des obsèques de Diane, duchesse d'Angoulême, auxquelles se trouvèrent les évêques d'Angers, de Séez et de Grenoble (1). Louis XIII l'avait nommé commandeur de l'ordre du Saint-Esprit dès 1617 (puisqu'il présenta cette année ses preuves de noblesse, mais il ne fut reçu que le 31 décembre 1619) (2).

---

(1) *Gallia Christ.*, t. VI, p. 924. — *Hist. de Languedoc*, liv. XLII.
(2) Aux termes de l'art. 9 des statuts de l'ordre, quatre arche-

Le roi lui donna plusieurs autres marques de sa faveur et de son estime, il le choisit comme maître de sa chapelle, membre de ses conseils d'État et privé et directeur de ses finances aux appointements de 16,000 livres. Christophe de Lestang se trouvait ainsi aussi près que possible des plus hauts degrés du pouvoir. Après la mort de Guillaume du Vair, garde des sceaux, l'an 1621, il fut mis sur les rangs pour être chancelier, mais le connétable de Luynes, sur la protection duquel il avait le droit de compter, ayant beaucoup aidé à son élévation, le paya d'ingratitude et empêcha sa nomination en se faisant nommer lui-même garde des sceaux. Louis XIII lui avait aussi promis de lui obtenir un chapeau de cardinal, mais la mort vint prématurément mettre un terme à toutes ces brillantes espérances. Cette année même, il assistait au siège de Montauban : ses intelligences dans cette ville et son habileté diplomatique eussent probablement épargné au roi le dépit de se retirer après des pertes sensibles, mais il fut pris d'une grave maladie et les négociations qui étaient en bonne voie pour la soumission de la place se trouvèrent interrompues. Il se fit transporter en hâte à Carcassonne, où il mourut le 11 août. On rapporte qu'il voulut, comme Vespasien, mourir debout, et répéta à ses derniers moments avec la

---

vêques ou évêques « entre les plus grands et vertueux personnages du clergé » devaient faire partie de l'ordre comme commandeurs. L'art. 15 portait que nul ne pourrait être fait commandeur, qu'il ne fût gentilhomme de nom et d'armes de trois races pour le moins. La procédure, très rigoureuse en apparence, à suivre pour les preuves de noblesse, était fixée par les art. 21 et 22. A la suite, les procès-verbaux de preuves, avec les armoiries du candidat, étaient transmis au chancelier de l'ordre. Le tout était examiné et vérifié dans le chapitre présidé par le roi et, l'admission prononcée, enregistré et transcrit au greffe de l'ordre. Nous donnons ci-après l'écusson des armoiries de Christophe de Lestang tel qu'il fut enregistré et qu'il est reproduit dans l'ouvrage que nous avons déjà cité. V. aussi André Favyn, *Théâtre d'honneur et de chevalerie*, t. I, liv. 3.

variante assortie à son état, le mot de l'empereur romain : *Oportet episcopum stantem mori* (1). Il avait fait ce même jour son testament par lequel il demandait à être enseveli dans sa cathédrale devant l'autel du T.-S. Sacrement. Il instituait pour son héritier Vital de Lestang, son neveu et son coadjuteur depuis 1615. Par ses dernières volontés, il avait demandé un tombeau de marbre orné de sa statue en habits pontificaux avec cette simple inscription : *Exspecto donec veniat immutatio mea*. Mais son neveu Étienne de Polverel, évêque d'Alet, y fit graver l'épitaphe suivante :

« ÆT. INCOMM. IMM. DEO.

QUISQUIS TUMULUM RADIOS VIBRANTEM DEMIRARIS, ATTENDE, VENERARE, PROFICE. AN TE LATET QUIS IN MONUMENTO LATEAT? CHRISTOPHORUS ILLE DE LESTANG CARCASSONENSIS QUONDAM EPISCOPUS, CARISSIMUS, PRÆCLARISSIMUS, TORQ. ORD. COMMEN. NOBILISSIMUS, UTRIUSQUE REG. CONS. CONS. SAPIENTISS. CAPP. REG. PRÆFECT. DIGNISS. ECCLESIÆ COLUMEN ET LUMEN, PASTORUM SPECULUM, PRINCIPUM DELICIÆ, GALLIÆ DECUS, PATRIÆ PARENS, POPULI AMORES. QUID STUPES ! DESINE MIRARI IN AMABILI DEPOSITO TOT ORNAMENTA JACERE, NEC HOMINEM CUM DE CŒLO MISSUM, TUM CŒLO REDDENDUM. A. D. M. D. C. X. X. I. D. X. I. M. AUG. I. D. J. C. M. P. IN ÆVUM FLEBILIS PASTORIS MEMORIÆ.

Sur une autre face du mausolée se lisaient ces mots :

P. S. M.

HOC ILLUSTRISS. AC REVERENDIS. IN CHRISTO P. AC D. D. STEPH. DE POLVEREL, ELECT. EPISCOPUS, UTRIUSQUE REGIS CONS. CONS. AC REGINÆ MATRIS MAGNUS ELEEMOSYNARIUS, EX SORORE NEPOS, MÆRENS CONSTRUENDUM CURAVIT VERUS TANTI PRÆSULIS GLORIÆ, AC VIRTUTIS PRÆCIPUE SUPERSTES. »

Ce panégyrique un peu forcé est doublement excusable, inscrit sur une tombe et rédigé par un neveu.

---

(1) Moréri.

Christophe de Lestang n'atteignit pas à la hauteur où le place son épitaphe; son élévation souhaitée par le roi, prévue par ses amis les d'Ossat, les du Perron, les Richelieu (1), fut arrêtée par la mort. Il était sûrement destiné à revêtir la simarre des chanceliers et à coiffer le chapeau des cardinaux, et les hautes et brillantes qualités dont sa vie témoigne donnent la conviction qu'il ne se fût pas éclipsé au premier rang, et qu'il eût conquis sa place parmi les « gloires de la France » et les « pères de la patrie. » Même pour cette carrière inachevée, les biographes ne lui avaient pas fait la part qui lui est due devant la postérité.

Armes de Christophe de Lestang, Commandeur du Saint-Esprit.
Enregistrées à la Chancellerie de l'Ordre.

*Écartelé : aux 1 et 4, d'azur, à deux poissons d'argent posés l'un sur l'autre, qui est de Lestang; aux 2 et 3, de sable, au rocher d'or, qui est de Juyé; et sur le tout : d'or, à une fasce de gueules accompagnée de trois trèfles de sinople, 2 et 1.*

---

(1) Larousse, impartial comme l'on sait, et dont il faut en passant redresser les jugements, puisqu'on en fait maintenant une autorité *quasi-législative*, nomme encore parmi les protecteurs de Christophe de Lestang les Pères Cotton et Arnoux, et ajoute tout uniment que « l'élévation de cet ecclésiastique adroit ne doit point exciter d'étonnement parce que dans toute circonstance il s'était montré fervent partisan de la Société de Jésus. »

## VITAL DE LESTANG
### LES DE LESTANG DU LANGUEDOC

Antoine et Christophe avaient des frères, des oncles et des cousins du nom de Lestang qui eurent postérité. La famille se continua par eux quelque temps à Brive et autres lieux. Un de ces frères, du prénom de Léonard, paraît s'être fixé dans le diocèse de Mende. Vital de Lestang, son fils, naquit en effet à Melzieu, dans ce diocèse, le 23 avril 1588. Néanmoins Vital se réclama de sa qualité de Limousin pour entrer comme boursier au collège de Saint-Martial de Toulouse où il fut admis en juillet 1607 (1). Il se destina aux ordres sacrés, et lorsqu'il eut obtenu le grade de docteur en théologie devant la Faculté de Paris, son oncle l'évêque de Carcassonne le demanda comme coadjuteur et le roi le nomma en 1615. Vital se rendit aussitôt à Rome pour obtenir ses bulles. D'après les ordres du pape, qui lui conféra le titre d'évêque d'Éphèse, il fut sacré par le cardinal Dauphin. Sa carrière n'eut pas l'éclat de celle de son oncle. Il n'est connu que par quelques actes sans grand intérêt, accomplis comme coadjuteur ou comme évêque de Carcassonne. A son retour de Rome il fonda à Melzieu, sa patrie, dans la chapelle de Sainte-Madeleine, une confrérie de Pénitents blancs sous le titre de la Conception de la bienheureuse Vierge. Étant encore coadjuteur, il inaugura l'autel de Saint-Benoît dans l'église de la Grasse, le 21 mai 1619. Son oncle étant mort il lui succéda. Durant son épiscopat il établit à Carcassonne les Minimes, les Capucins, les Ursulines, et favorisa l'établissement d'un collège de Jésuites. Par sa munificence, sa cathédrale fut dotée de magnifiques orgues. C'était un évêque de la primitive Église, ne s'éloignant pas de son diocèse, très généreux envers les pauvres, tout absorbé dans ses devoirs de pasteur d'hommes, assidu à

---

(1) Archives de la Haute-Garonne, B. 255.

visiter ses ouailles, à célébrer, à chanter les offices, à
prêcher son peuple. Ces évêques, dont on a peu parlé,
sont peut-être ceux dont la vie fut le mieux remplie devant Dieu. Après diverses autres œuvres méritoires, telles
que le transfert des religieuses de Rieunette à Carcassonne, Vital de Lestang mourut à son poste en 1652, à
l'âge de 64 ans. C'est le onzième évêque limousin qui
siégea dans cette admirable cité de Carcassonne. En remontant les âges il put y retrouver les nobles traditions
de son oncle d'abord, des Guichard d'Aubusson, Geoffroi
de Pompadour, Simon de Cramaud, Pierre de Saint-Martial, Hugues de la Jugie, Étienne Aubert, Arnaud Aubert,
Pierre Rodier et Pierre de la Chapelle-Taillefer (1).

D'après Jacques Boyer, cité par le *Gallia*, Vital de Lestang fut d'abord enseveli à Saint-André, puis transporté,
au bout d'un an, dans l'église de Saint-Nazaire. Gérard
de Vic rapporte au contraire qu'il fut inhumé dans le
château du seigneur de Villalier, puis enterré dans l'église
paroissiale de ce lieu, où son tombeau se voyait encore
au temps de cet écrivain, vers 1677. Toutefois, disent les
frères Sainte-Marthe, si son corps est retenu à Villalier,
contre le vœu de son testament, son nom est associé à
celui de son prédécesseur dans une épitaphe qui se lit
à la cathédrale de Carcassonne. Sur la pierre sépulcrale
qui recouvre les cendres de Christophe de Lestang est
gravée en effet cette inscription :

SEPULCHRUM PRÆSULUM CHRISTOPHORI DE LESTANG ET VITALIS DE LESTANG EJUS COADJUTORIS ET POST SUCCESSORIS, EXPECTANTIUM BEATAM SPEM ET ADVENTUM GLORIÆ MAGNI DEI (2).

Christophe de Lestang avait attiré près de lui un autre
de ses parents, de son nom, qu'il fit son vicaire général

---

(1) On pourrait même ajouter : Jean Fabri (1362), Géraud du Puy
(1413), très probablement Limousins, et Jean d'Estampes (1446), qui
fut prévôt et bienfaiteur de la cathédrale de Tulle

(2) *Gall. Christ.*, t. VI, p. 926, Évêques de Carcassonne.

et dont nous ignorons la filiation. Libéral (*Liberatus*) de Lestang, licencié en droit, fut abbé de Montolieu au diocèse de Carcassonne, et mourut à Montolieu en 1591 (1). Le *Gallia Christiana* donne des détails sur son compte.

Le nom de Lestang fut encore porté longtemps dans la ligne masculine. Nous avons vu qu'un descendant de Guillaume de Lestang, cousin d'Antoine, recueillit en vertu de la consanguinité la succession de celui-ci près d'un siècle après sa mort (2).

D'autre part, une autre branche des Guilhon de Lestang était établie, peu de temps avant la Révolution, dans le Toulousain où elle tenait un rang très distingué. Bertrand de Guilhon de Lestang, baron de Celles, avait épousé au commencement du xviii° siècle Élisabeth de Villemur de Pailhès, petite-fille de Jacques de Foix, baron de Rabat, et d'Isabeau de Lévis de Léran. Leur fils Alexandre-Henri de Lestang, baron de Celles, plaidait en 1780 et années suivantes avec messire Elzéar comte de Sabran, petit-fils de Louise-Charlotte de Foix et d'Honoré de Sabran, pour obtenir les droits d'Élisabeth de Villemur de Pailhès dans les biens de la maison de Foix. Dans le même temps vivait messire Vital de Guilhon de Lestang, baron de Celles, qui paraît être le fils de Henri-Alexandre (3). Les Guilhon de Lestang, barons de Celles, derniers représentants du nom de Guilhon, ont disparu, je crois, à la Révolution (4).

---

(1) *Gall. Christ.*, t. VI p. 1006.

(2) Dans les listes de magistrats des anciennes juridictions du Bas-Limousin, publiées par M. Decoux-Lagoutte, d'après les archives du parlement de Bordeaux (Tulle, 1883), il est fait mention de Guillaume de Lestang, conseiller au siège de Brive (le cousin d'Antoine), qui résigna sa charge en faveur de son fils Étienne de Lestang, l'année 1635. — Le 10 décembre de cette année, Étienne de Lestang donne quittance de ses gages de conseiller. (Pièce de mes archives.) — On trouve encore Pierre de Lestang conseiller vers 1675.

(3) Mémoires judiciaires, imp. et mss. dans mes archives.

(4) D'après une note qui m'est transmise par M. Eugène Trutat

## LES MEYNARD DE LESTANG

François Meynard, né à Tulle, est la tige des Meynard de Lestang qui ont eu une certaine illustration en Languedoc. Sa famille appartenait à la bourgeoisie. Son père, Antoine Meynard, était médecin-chirurgien, et sur la fin de sa vie s'intitulait sieur de Preyssac. Cet Antoine fut marié d'abord avec Marthe de Cornier, puis avec Peyronne de Teyssier. Il eut des enfants des deux mariages. François était issu du premier ainsi que Jehan Meynard, sieur de Preyssac, receveur du tailhon (1). Antoine

---

et qui paraît empruntée à l'ouvrage de M. de Lahondès, « Vital de Lestang devint, en 1647, possesseur de la seigneurie de Celles, dans le pays de Foix, où sa famille est encore représentée. » Sous les noms de Guillon, de Lestang ou de Celles, je n'en ai trouvé aucune trace dans les recueils nobiliaires contemporains. — Quelques biographes fort mal informés comptent encore parmi les illustrations de la famille de Lestang (Guillon) : Pierre de *Lestang*, évêque de Saint-Flour (1362), archevêque de Bourges (1367), cardinal (1370); François de *Lestang*, évêque de Rodez, mort en 1529. Il est à peine besoin de relever de telles confusions. Ces prélats bien connus appartiennent à l'illustre maison d'Estaing du Rouergue. Il est vrai que *d'Estaing* se traduit en latin par *de stagno*, tout comme *de Lestang*. Quant à un Guillaume de Lestang, créé cardinal en 1444, confirmé dans cette dignité en 1455, donné aussi aux de Lestang du Bas-Limousin par l'auteur du *Dictionnaire des hommes célèbres de la Corrèze* (en 48 pages), il est resté absolument inconnu à Baronius et à Duchesne. Sur ce terrain on pouvait s'étendre davantage, car les d'Estaing, du Rouergue, qui portent les armes de France avec une simple brisure, en vertu d'un octroi de Philippe-Auguste, dans la mêlée de Bouvines, ont fourni bien d'autres illustrations ecclésiastiques, civiles et militaires. — Il y a eu en Limousin diverses familles du nom d'Estang (d'Estang de Saint-Hippolyte, d'Estang du Bos) également distinctes des Guilhon de Lestang.

(1) Jehan Meynard, sieur de Preyssac, resté à Tulle, fit souche. M. Camille de Meynard, du Peuch, représente actuellement une branche collatérale de cette famille. Les Meynard de Preyssac, du Tournier, de la Serre, de Queuille, de Saint-Mexant, etc., paraissent avoir la même origine — Léone de Meynard, sœur-germaine

Meynard, docteur en médecine, auteur d'un des premiers livres imprimés à Tulle (1), était, avec six frères ou sœurs, provenu du second mariage.

François Meynard reçut une éducation complète. Après avoir pris les grades de maître-es-arts et de docteur en droit il était, en 1584, avocat au parlement de Bordeaux. Revenu dans sa ville natale il acquit, en 1587, la charge de lieutenant criminel de la sénéchaussée. Bientôt après il épousa Jeanne de Lestang, sœur du président de Lestang et de l'évêque de Carcassonne. Ce mariage fut la principale cause de sa fortune et de celle de ses enfants. Antoine de Lestang n'avait plus d'espoir de postérité lorsqu'il fut nommé président à Toulouse. Ses préférences se portèrent vers la famille de sa sœur Jeanne et de son mari, magistrat comme lui, où il pourrait trouver des successeurs dans cette carrière judiciaire qu'il aimait avec passion. Il céda alors à son beau-frère sa double charge de président et de lieutenant général à Brive. Sur sa résignation François Meynard obtint les provisions nécessaires sous la date du 18 février 1594. Le beau-frère du président et de l'évêque ligueurs se montra comme eux très ardent dans sa foi catholique, mais ne céda pas complètement à leur influence. Royaliste sous Henri III, il se rallia dès les premiers temps à

---

du receveur des tailles et du lieutenant général, donna lieu à un grand scandale, qui fut la cause la plus célèbre du temps en Bas-Limousin. En 1594, elle intenta une poursuite criminelle contre François Lagarde, avocat à Tulle, « pour la réparation de l'injure à elle faite par led. Lagarde, l'ayant violée, ravy son honneur soubz promesse de mariaige et commis inceste avec la niepce de la plaignante. » L'affaire fut portée jusqu'au parlement de Paris. Le lieutenant général se donna beaucoup de mal pour faire rendre l'honneur à sa sœur, mais Léone de Meynard était encore fille en 1619, lors du testament de Peyronne de Teyssier, 2º femme de son père.

(1) *Traité de la dyssenterie, principalement de celle qui a eu cours cette année 1625.* Par Mº Anthoine Meynard, Dº en méd. Tulle, par Ant. Sol. 1625.

Henri IV. Il paraît avoir inspiré sa conduite de celle des seigneurs de Noailles qui furent si sages, si prudents dans ces tristes temps où le discernement du devoir était au moins aussi difficile que son accomplissement. Comme Henri de Noailles et ses frères, qui auraient pu par leur grande position et par leurs talents aspirer à diriger les évènements dans le Bas-Limousin, il s'effaça pour ne pas se compromettre. Cette attitude, comparée à celle de ses beaux-frères et de certains magistrats ses voisins, dénote chez François Meynard un jugement très éclairé et un caractère indépendant. En 1591, au moment où la Ligue battait son plein dans la province, il faisait part à Henri de Noailles de ses sentiments sur la conduite du lieutenant général de Tulle et des efforts qu'il tentait pour contrecarrer son action. Quelques passages de cette lettre montreront son esprit avisé et sa modération. Il disait à Henri de Noailles :

« Il n'est rien arrivé depuis vostre départ de Tulle que vous n'ayez aperceu nettement lorsque vous y estiez. Vous scaves, Monsieur, ce que je vous dis du personnage : si j'eusse leu dans son cœur, ses traits et artifices ne m'eussent esté mieux connus. Je n'ay autre regret, si ce n'est que ses impressions contiennent en bride un peuple qui peut aisément juger ses déportements et à quel préjudice ils vont, attendu que ce n'est que pour son intérêt particulier qu'il projette une paix; il faudroit estre trop aveugle si on le laissoit aller de ce costé. Je ne cuide pas que les gens de bien approuvent telles voyes et procédures qui importent au service du roy et de la chose publique, de vouloir donner à l'ennemy des armes et moyen de ruiner le pays au lieu de le défendre. Ceux de nostre ville n'y consentiront jamais, les ayant assez informés de tout ce qui s'estoit passé et de ce qu'il convenoit faire; si cela avoit lieu, toute la province se preparreroit l'instrument de sa propre ruine..... Il témoigne assez qu'il n'est pas bon serviteur, voulant affermir les ennemis de Sa Majesté, et cela sonne mal. Je le feray valoir si je suis sur les lieux..... et mesme j'en escris a nos habitans.....

Le sieur présent porteur vous dira de ce qu'il sait, ce que je ne peux parfaitement escrire..... (1).
De Saint-Martin, ce samedy au soir 1ᵉʳ décembre 1591. »

François Meynard, devenu lieutenant général de Brive, se maintint dans cette sagesse. Il traversa la Ligue sans cesser d'être fidèle à Henri IV, mais sans se mêler ardemment à la lutte, travaillant à la pacification par la persuasion et l'exercice impartial et sans faiblesse de sa charge. Sa carrière ne fut pas très longue. Il mourut en 1601 à Brive, laissant trois enfants mineurs : deux garçons, Christophe, Antoine, dont nous allons parler, une fille, Honorée, qui fut mariée à Pierre de Fénis, lieutenant général de Tulle (2). Jeanne de Lestang, mère de ces orphelins, mourut elle-même en 1605. Leur tutelle avait été confiée à deux parents choisis dans chaque ligne, Jehan Meynard, apothicaire à Tulle, leur cousin second, et Guillaume de Lestang, conseiller au présidial de Brive, du même degré (3).

Parlons d'abord d'Antoine, qui fut destiné à la prêtrise. Il paraît avoir été élevé dès son enfance auprès de ses oncles, car dans le compte de tutelle présenté par Jehan Meynard en 1612 ne figure aucune dépense qui le concerne. Lorsque Christophe de Lestang fut transféré à l'évêché d'Alet (1602), il présenta son neveu Antoine Meynard pour lui succéder à Lodève. Celui-ci fut en effet nommé, mais la mort le surprit à Toulouse peu de temps

---

(1) Louis Paris, *Les Papiers de Noailles*. Paris, 1875, t. I, p. 274. V. aussi *Tulle et le Bas-Limousin pendant les guerres de religion*, p. 139.

(2) En 160?, le 26 novembre. On connaît par le *Livre de raison des Baluze*, publié par M. Louis Guibert (Tulle, 1888), la brillante réception qui lui fut faite à son arrivée à Tulle, en 1610. Étienne Baluze (grand-père du savant) et M. Teyssier, fils du général des finances, chargés par le lieutenant général son mari, étaient allés la prendre à Cestres chez son oncle le président et l'avaient emmenée à Tulle avec Mᵐᵉ la présidente de Lestang.

(3) Pièces de mes archives.

après et il ne fut pas sacré. On l'inscrit cependant sur la liste des évêques de Lodève. Fisquet donne pour armoiries à ce prélat : aux 1 et 4 d'azur à une main d'or, aux 2 et 3 de gueules à trois bandes d'argent. Les premières partitions représentent le blason adopté par les Meynard. Les dernières rappellent, par les pièces honorables, le blason des Polverel (1).

Christophe son frère, né vers 1598 à Brive, fit ses études classiques à Tulle près de Jehan Meynard son tuteur (2), jusqu'à l'âge de douze ans. A cette époque, il fut appelé à Toulouse par son oncle, le président de Lestang, qui le dirigea vers la carrière judiciaire dans l'intention de lui transmettre sa charge, mais à la mort de l'oncle, le neveu se trouvait encore trop jeune. Christophe fut d'abord avocat au parlement, puis conseiller en la grand'chambre, par nomination du 7 août 1627 (3). C'était un des magistrats les plus écoutés et les plus influents de la compagnie, entreprenant, haut à la main, comme on le verra tout-à-l'heure. Il mourut dans ces fonctions en 1669. Ce petit-fils d'un modeste chirurgien de Tulle épousa M<sup>lle</sup> de Pins, d'une des plus illustres maisons du Languedoc et qui avait donné deux grands-maîtres à l'ordre de Rhodes. Il en eut plusieurs enfants parmi lesquels Jean-Baptiste, qui continua la filiation, et Jacques-Joseph, qui fut d'église. Ce Jacques-Joseph, chanoine et doyen d'Alet, est connu par ses démêlés avec

---

(1) Pierre et Étienne Polverel, dont il sera question plus loin, portaient de gueules à 3 bandes d'or. On ne voit pas pourquoi Antoine de Meynard aurait rappelé leur blason dans ses armes. Il était leur cousin étant fils d'une sœur de leur mère, parenté utérine. Il n'en avait pas hérité étant mort avant qu'ils ne devinssent évêques.

(2) Dans mon *Histoire du collège de Tulle*, p. 376, j'ai reproduit la partie du compte de tutelle rendu par Jehan Meynard, concernant les frais d'éducation de Christophe.

(3) Archives de la Haute-Garonne et *Nobiliaire* toulousain, t. II, p. 150.

Nicolas Pavillon son évêque. La querelle au sujet de la discipline ecclésiastique amena l'excommunication du doyen et son emprisonnement pendant trois mois. Le conseiller en la grand'chambre, père du détenu, se transporta en force à la prison, essaya de délivrer son fils par violence et ne réussit pas dans cette première tentative. Les factums imprimés dans ce litige qui suivit diverses juridictions donnent une singulière idée des mœurs de certains membres du haut clergé. S'ils montrent de la part de l'évêque un caractère cassant, absolu, étroit, ils laissent voir chez le chanoine des habitudes peu conformes à son état et un mépris complet de la hiérarchie vis-à-vis du prélat qui l'avait fait prêtre, puis chanoine et doyen, et dont il avait été le commensal pendant de longues années. D'après les factums ce doyen se plaisait, pour donner une solennité de sa façon aux offices, « à faire allumer des feux devant sa maison, à faire tirer quantité de boîtes, » pendant qu'il célébrait la messe ou psalmodiait les vêpres, et les chants religieux alternaient avec le bruit de la poudre; il allait journellement de maison en maison, en grand apparat, « porter aux malades de l'eau d'une certaine Notre-Dame et leur en faisait prendre avec des cérémonies superstitieuses. » Aussitôt sorti de prison il se mit à la tête de 20 chevaux, le parasol en main comme un étendard, fit deux fois le tour de la ville d'Alet pour se faire voir et se retira à Limoux, où il entra dans cet équipage (1).

Mais le doyen répliquait que la question de discipline dans laquelle il était d'ailleurs bien fondé, servait de prétexte, et qu'il avait été persécuté en réalité pour avoir

---

(1) Avertissement produit au conseil du roi..... contre M<sup>re</sup> Jacques-Joseph de Ménard de l'Estang, doyen et chanoine de l'égl. cath. d'Alet, et François Rives..... où l'on justifie la conduite de M. l'évesque d'Alet..... 1665. — Responces servant de justification par M<sup>re</sup> Jacques-Joseph de Ménard de Lestang..... et François Rives..... contre les calomnies et impostures publiées dans l'Avertissement..... 1665.

signé le célèbre formulaire contre les Jansénistes (avril 1664) contraire aux sentiments bien connus de son évêque; qu'il avait été excommunié sans motif, emprisonné par surprise et violence, et privé pendant sa détention non-seulement de la faculté de dire la messe et même de l'entendre, mais même des aliments et des commodités indispensables, etc. Finalement le parlement lui donna raison quant à la question de discipline.

Jean-Baptiste de Meynard de Lestang, frère du chanoine, fut conseiller à la grand'chambre à Toulouse après son père. Il épousa Thérèse Garaud de Donneville et mourut en 1681.

De cette union provint Daniel-Joseph de Meynard de Lestang, lieutenant de roi en la province de Languedoc, qui s'intitulait seigneur de Belestang, de la Cornauderie, de Belbeze, etc., dans l'hommage et dénombrement de ses fiefs qu'il fit devant les capitouls en 1689 (1). Il décéda sans enfants. En lui s'éteignit la descendance masculine de François Meynard. Nous avons vu que les biens du président de Lestang qui lui étaient arrivés par substitution passèrent, à sa mort, à un collatéral du nom de Guilhon de Lestang (2).

---

(1) *Nobiliaire* toulousain, t. II, p. 150.

(2) Le nom de Meynard, écrit souvent Maynard, est très répandu dans le Midi. Dans la première moitié du XVIIe siècle, il y avait à Toulouse trois familles connues de ce nom : celle des Meynard de Lestang; celle qui a donné naissance au poète-magistrat François de Maynard et qui tirait son origine de Saint-Céré en Querci; une troisième représentée, vers 1650, par François de Maynard, baron de Ségoufielle, conseiller au parlement de Toulouse. Ce dernier épousa, en 1667, Honorée de Meynard de Lestang, et sa descendance masculine s'est continuée jusqu'à M. Bertrand de Maynard, baron de Ségoufielle, qui vivait en 1872. A cette époque, M. Jean-François Carrère, fils d'une Maynard de Ségoufielle, a obtenu l'autorisation d'adjoindre à son nom celui de de Maynard.

## LES POLVEREL

### PIERRE ET ÉTIENNE POLVEREL, ÉVÊQUES D'ALET

La famille Polverel était de la petite bourgeoisie de Brive. Le nom étant assez répandu à Brive et à Tulle, il eût été peut-être difficile de remonter clairement au-delà de Guillaume Polverel, époux d'Antoinette de Lestang, mais un descendant de cette famille nous en a laissé une généalogie dont nous nous servirons tout-à-l'heure.

Guillaume de Polverel (anciennement, prenait qui voulait la particule dite aujourd'hui nobiliaire), qualifié par le *Gallia Christiana* seigneur de Trebeyret, est connu uniquement par son mariage avec Antoinette de Lestang, fille d'Étienne de Guilhon de Lestang et de Louise de Juyé. Il en eut deux fils, Pierre et Étienne.

Christophe de Lestang se chargea de la fortune de ses neveux Polverel, qui successivement embrassèrent les ordres sacrés, probablement sous son inspiration. Dans les articles secrets accordés au duc de Joyeuse (on peut ajouter : et aux frères de Lestang), les deux frères avaient fait stipuler que Pierre Polverel (1) (qui était âgé de moins de 25 ans) serait confirmé dans l'évêché d'Aire, vacant depuis 1594 par la mort de François de Foix-Candale, avec assignation d'une pension annuelle de 4,000 livres en faveur du président de Lestang, mais Henri IV ne ratifia pas cet arrangement de famille. Il répondit qu'il avait déjà donné cet évêché, ce qui ne paraît pas exact puisque le successeur de François de Foix, Philippe Cospéau, ne l'occupa qu'en 1607. Christophe prit sa revanche quelques années après. Étant promu de l'évêché d'Alet qu'il tenait depuis quelques mois, à celui de Carcassonne (1603), il fit nommer son neveu Pierre, alors âgé

---

(1) Les articles secrets le nomment Pierre Pulmora, mais c'est une erreur de scribe.

5

de 30 ans, au siège qu'il quittait. Celui-ci partit immédiatement pour Rome afin de prendre ses bulles, mais il y mourut et fut enterré dans la basilique de Sainte-Marie-du-Mont, à côté du tombeau de Marc-Antoine Muret. Sa mort est marquée au 20 d'août dans un nécrologe des Minimes de la Sainte-Trinité du Mont Pincio (1).

Christophe fit alors quitter le service militaire à Étienne de Polverel, frère du défunt, et le fit nommer en son remplacement. Celui-ci prit possession de son église le 20 août 1607. Il fut maître de la chapelle du roi Louis XIII et aumônier de la reine-mère Marie de Médicis. Parmi ses actes épiscopaux on relève son assistance au concile provincial de Narbonne en 1609 et aux assemblées générales du clergé de 1612, 1614, 1615 et 1625. Ce prélat apporta dans ses nouvelles fonctions les mœurs de son premier état. Sa conduite fut loin d'être édifiante et il laissa la discipline se relâcher, à tous les points de vue, dans son diocèse (2). En outre il fut gravement compromis dans la conjuration du duc d'Orléans, frère de Louis XIII. Henry de Montmorency, gouverneur de Languedoc comme son père, l'y avait entraîné avec beaucoup d'autres évêques du Midi. Montmorency, vaincu, fut fait prisonnier et exécuté à Toulouse. Au mois de mars 1633, le roi accorda une abolition générale à tous ses sujets qui avaient suivi le parti du duc d'Orléans, excepté néanmoins les évêques d'Albi, Uzès, Lodève, Saint-Pons et Alet et quelques particuliers. Richelieu insistait pour la punition exemplaire de ces évêques et avait demandé au pape la nomination d'une commission pour les juger et les condamner définitivement. Ce tribunal fut institué par le Saint-Père et se réunit à Paris le 22 mai 1633 au couvent des Augustins. Un des juges, Charles de Noailles, évêque de Saint-Flour, eut mission d'informer en province contre les accusés. Étienne de Polverel fut cité au tribunal par

---

(1) *Gallia Christiana*, Év. d'Alet, p. 282.
( 2) V. *Biographie générale*, art. PAVILLON.

assignation affichée à la porte de sa cathédrale. Les évêques essayèrent de se justifier auprès du pape et de faire retirer le bref instituant la commission de jugement, mais ne réussirent pas. En ce qui concerne l'évêque d'Alet l'affaire traîna en longueur, et finalement il échappa à une répression qui frappa plusieurs de ses collègues. Étienne de Polverel mourut en 1637 et fut enterré le 25 avril dans son église (1).

### ÉTIENNE DE POLVEREL
#### Commissaire civil de Saint-Domingue.

Les deux évêques d'Alet étaient issus d'un cadet de la famille Polverel. La branche aînée resta à Brive et s'y continua jusqu'aux approches de la Révolution. Son dernier représentant n'a pas manqué de notoriété en son temps, et on peut s'étonner que son nom ne soit pas même cité par les historiens qui ont traité des citoyens de la ville de Brive dont la vie a eu quelque retentissement (2).

Il se nommait aussi Étienne de Polverel et naquit à Brive vers 1738. Son père, du même prénom, était avocat aux sièges de Brive, tenait au barreau une place honorable et fut premier consul de la ville en 1738. Le fils suivit la carrière paternelle, mais alla s'établir d'abord à Bordeaux (3), puis à Paris. Il se fit une certaine réputation par ses connaissances dans l'ancien droit et l'histoire et sa facilité d'écrire sur ces matières. Plusieurs

---

(1) *Gall. Christ.*, Évêques d'Alet, p. 283.
(2) Leymonerie, Serre et autres.
(3) Ses débuts à Bordeaux furent difficiles. Le 23 août 1760, il écrivait au s' de Laroze, bourgeois de Saint-Cyr-la-Roche, son cousin : « Si vous écrivez à M. de Laroze (magistrat à Bordeaux) parlez luy, je vous prie, de l'envie et du besoin que j'ay de travailler à Bordeaux pour me tirer d'affaire. Je n'y ai aucune ressource que mon travail, et il peut m'en procurer plus que personne s'il le juge à propos. »

provinces le chargèrent d'étudier leurs coutumes, de défendre leurs franchises, et se montrèrent très satisfaites de ses services. Elles lui décernèrent en reconnaissance les titres honorifiques dont elles disposaient. La capitale de la Guyenne lui octroya le titre de bourgeois de Bordeaux par délibération du corps de ville en date du 6 avril 1778. Les États généraux du royaume de Navarre l'avaient honoré d'une distinction encore plus élevée. Polverel, alors fixé à Paris, avait vaillamment combattu les prétentions du fisc contre le franc-alleu dans le royaume de Navarre. Son travail, qu'il fit imprimer (1), est un remarquable traité historique et critique de l'origine et des droits de la propriété libre depuis les Romains. Cet ouvrage est encore aujourd'hui très recherché. Par délibération du 11 mai 1775, les États de Navarre accordèrent à Étienne de Polverel, écuyer, avocat à Paris, pour lui et ses descendants mâles à perpétuité, le droit d'entrée aux États dans l'ordre de la noblesse, en reconnaissance de ses services et du talent avec lequel il avait défendu les privilèges et les franchises du pays. Cette délibération fut approuvée par le roi, sous la condition toutefois qu'elle n'entraînerait pas qualité et privilèges de noblesse au profit du bénéficiaire, s'il ne justifiait pas de noblesse acquise. La délibération et l'approbation royale étaient inconciliables pour ainsi dire, car la seule entrée aux États de Navarre conférait tous les privilèges de la noblesse héréditaire, tant utiles qu'honorifiques. Étienne de Polverel demanda en conséquence à prouver sa noblesse pour entrer à l'assemblée, le 20 mai 1789. Des commissaires furent nommés par les États, et devant eux l'impétrant produisit les titres desquels résultait une filiation noble remontant au commencement du xvi$^e$ siècle. Nous reproduisons cette généalogie, entièrement inédite, à titre de curiosité.

---

(1) *Mémoire à consulter et consultation sur le franc-alleu du royaume de Navarre.* Paris, 1784. 316 pages in-4°.

« Les ancêtres de M. de Polverel ont pris leur nom de deux seigneuries dont ils ont été propriétaires dans les paroisses d'Issandon et d'Allassac en Bas-Limousin, et qui furent vendues à la fin du xiv° siècle. M. de Polverel est en état de prouver son extraction dans la forme la plus rigoureuse depuis 1389; mais comme il n'a d'autre objet que de faire connaître aux États-généraux qu'il n'est pas, quant à la naissance, au-dessous de l'honneur qu'ils lui ont fait, il ne présentera que ce qui est nécessaire pour prouver qu'il est gentilhomme de race. Les titres produits ne feront donc remonter sa filiation qu'à Macé de Polverel, son 5° aïeul (preuves prescrites par les déclarations et arrêts du conseil de 1666, 1667, 1668, pour les maintenues de noblesse). Cependant les titres produits donnent un degré de plus.

Armes : Écartelé, aux 1 et 4, d'or à trois bandes de gueules, aux 2 et 3, d'azur à deux poissons d'argent en fasce et une montagne d'or mouvante de la pointe.

*Aliàs*, écartelé, aux 1 et 4, de gueules à trois bandes d'or, aux 2 et 3, d'azur à deux poissons d'argent (1). (*Gall. Christ.*, éd. de 1656.)

(1) Ces dernières armes sont celles de l'évêque Étienne : écartelé de Polverel et de Lestang. Les premières sont celles du produisant : aux 1 et 4, de Polverel avec un changement de couleurs, aux 2 et 3 de Lestang et de Juyé, amalgamés : les deux poissons de Lestang et la montjoye de Juyé. Je retrouve l'écusson simple des Polverel : d'or, à trois bandes de gueules (très distinct), sur des cachets de lettres d'Étienne Polverel, avocat et consul de Brive en 1738, qui figure dans la généalogie. Nous avons dit qu'Antoine de Meynard, évêque de Lodève, écartelait de ce même blason, cou-

I. Noble RAYMOND DE POLVEREL, père d'Étienne, qui suit :

II. ÉTIENNE DE POLVEREL, écuyer, seigneur de Lacombe et de Larteuse, fit un dénombrement de biens tant pour lui que pour Macé son fils, le 15 septembre 1540.

III. MACÉ DE POLVEREL, écuyer, seigneur de Trebeyret, docteur-es-droits, est nommé dans le dénombrement ci-dessus et dans une attestation judiciaire qu'il provoqua le 3 juillet 1553, afin d'obtenir l'exemption du service de l'arrière-ban tant pour lui que pour Étienne de Polverel son père. Macé eut d'une alliance ignorée :

1° Bertrand, qui suit;
2° Guillaume de Polverel, écuyer, seigneur de Trebeyret, capitaine de 20 hommes d'armes de guerre à pied (1), marié à Antoinette de Lestang, fille de Guillaume (2) de Lestang, conseiller du roi et son lieutenant général es-sièges du présidial et de la sénéchaussée du Bas-Limousin. De cette union vinrent :
   A. Pierre de Polverel, évêque d'Alet;
   B. Et Étienne de Polverel, aumônier de Marie de Médicis et aussi évêque d'Alet, en 1603. Il fut compromis et ruiné dans la conspiration de Montmorency.
3° Noble Pierre de Polverel, juge de Brive, qui vivait encore en 1558.
4° Et Pierre de Polverel, prieur de Brive, mort en 1585 (3).

---

leurs modifiées. Ajoutons qu'au temps des deux évêques d'Alet et de l'évêque de Lodève, il existait en Bas-Limousin une famille d'Estang, de noblesse moins récente puisqu'elle prouva en 1666, cinq générations nobles. René d'Estang épousa en 1627 Jeanne de Lestang. Il portait : d'or à trois bandes d'azur, c'est-à-dire les mêmes pièces, avec changement de couleurs. Ces coïncidences approximatives, nom, alliance, armes, sont singulières. Assurément ce ne sont point les d'Estang de noblesse plus ancienne qui ont emprunté le blason des Polverel.

(1) Il était valet de chambre du roi et non capitaine, d'après le testament d'Étienne de Lestang, en 1581.
(2) Il faut lire Étienne.
(3) V. *Bulletin de la Soc. scientifique de Brive*, t. XIII, p. 819.

IV. BERTRAND DE POLVEREL, baron de Chasseley, capitaine du château de Pierre-Encise, est ainsi qualifié dans une donation que lui fit Henri III, roi de France, le 30 mars 1577, en considération des services qu'il lui avait rendus depuis trente ans, tant en faits de guerre qu'autres. On voit par d'autres lettres patentes du même prince, datées du 26 juin 1576, que Bertrand et Guillaume de Polverel son frère, capitaine de 20 hommes de guerre à pied, furent faits prisonniers par les rebelles qui exigèrent d'eux une rançon de 40,000 livres. Le 27 juin 1588, noble Bertrand de Polverel, seigneur et baron de Chasselay, Bellecise et la Thibaudière, gentilhomme ordinaire de la chambre du roi, donna une procuration à noble Pierre de Polverel, docteur ès-droits, juge de Brive-la-Gaillarde, son frère. Ce Bertrand se ruina. Ses biens furent décrétés et lui-même fut quelque temps en prison pour dettes. Il avait épousé : 1° noble demoiselle Catherine de Bourgueville. Du premier lit vint :

>Pierre, qui suit;
>Et du second, Marguerite de Polverel, femme de Jean Ducazault.

V. PIERRE DE POLVEREL, écuyer, seigneur d'Issandon, se maria par contrat du 1ᵉʳ février 1616 à Léonarde de Beynette, fille de noble Geoffroi de Beynette et de Catherine du Breuil. Le 16 octobre 1623, il fit un échange avec Étienne de Polverel, évêque d'Alet, son cousin-germain, qu'il chargea d'exécuter son testament en date du 16 avril 1624. Pierre eut de son mariage :

> 1° Pierre de Polverel, bachelier, mort sans postérité;
> 2° Libérat, qui suit
> 3° Étienne de Polverel, écuyer, qui fit une donation à ses deux frères le 2 juin 1644 et la confirma le 27 août 1649;
> 4° Catherine;
> 5° Antoinette;
> 6° Et autre Catherine de Polverel.

VI. LIBERAT DE POLVEREL, écuyer, avocat en parlement, épousa Martiale de Gouffre, ainsi que le justifient deux actes des 16 août 1647 et 5 septembre 1667. Il eut de cette union :

1° Jean ;

2° François de Polverel, lieutenant réformé au régiment de la Marine, en 1682.

VII. JEAN DE POLVEREL, seigneur d'Issandoulié, avocat à la cour, baptisé le 10 juin 1647, épousa Marie de Montmaur. Il testa le 17 novembre 1723 et laissa :

1° Léonarde ;

2° Étienne, prêtre, qui fut curé à Montazeau ;

3° Et autre Étienne, qui suit.

VIII. Noble ÉTIENNE DE POLVEREL, écuyer et avocat en parlement (1), vendit la terre d'Issandoulié le 20 septembre 1772, à la vicomtesse du Saillant. Il se maria le 21 juin 1723, à Jeanne de Pascarel, fut compris dans le rôle des gentilshommes de la vicomté de Turenne le 10 septembre 1737, et fit son testament le 6 mai 1770. Il mourut en 1775, laissant (entre autres enfants) :

IX. Noble ÉTIENNE II DE POLVEREL (2), écuyer et avocat en parlement (auteur du Mémoire sur le franc-alleu de Navarre), qui obtint des lettres de bourgeoisie à Bordeaux le 6 avril 1778 (3). »

Jusqu'ici rien qui empêche de parler de l'homme avec

---

(1) C'est cet Étienne Polverel, avocat et consul de Brive, dont j'ai de nombreuses lettres avec cachet armorié. La *Sigillographie du Bas-Limousin*, de MM. de Bosredon et Rupin, reproduit un cachet apposé (le 15 avril 1738) sur le testament de ce personnage et qui figure un écusson ovale à une bande accompagnée de deux cœurs, l'un en chef et l'autre ⸱ pointe. Mais le testateur ne dit pas dans cet acte que le cache⸱ nt il s'est servi est celui de ses armes. Il s'intitule avocat en la cour et premier consul de la ville de Brive. Il nomme ses trois enfants, alors vivants : Pierre Polverel, autre Pierre et Jeanne, et fait aussi mention de sa sœur Léonarde, et de son frère curé à Montazeau.

(2) M. Ernest Rupin, qui a eu sous les yeux le testament d'Étienne Polverel en date du 15 avril 1738, me fait observer que le testateur ne nomme pas un Étienne parmi ses enfants vivants, mais qu'il mentionne que sa femme est enceinte. Étienne II peut être né cette même année.

(3) Cette généalogie a été extraite, à mon intention, des registres des États de Navarre, par M. de Jaurgain, érudit des plus versés dans l'histoire du Béarn et du pays basque.

bienveillance et sympathie. Il s'introduit subrepticement dans la noblesse à l'aide d'une généalogie fabriquée, dans laquelle la filiation elle-même est peut-être exacte, mais où les actes invoqués et les qualités attribuées sont pour la plupart imaginaires. Ce péché était, nous le répétons, trop commun chez les parvenus, sous l'ancien régime, pour exciter l'indignation. Arrivons à la conduite de ce noble de contrebande après 1789.

Il ne fut pas conquis d'enthousiasme par les principes de la Révolution. Syndic-député des États de Navarre nous le voyons, le 12 octobre 1789, présenter un mémoire à l'assemblée nationale pour soutenir que la Basse-Navarre restait indépendante, que les Navarrais, dont le désir était de se réunir à la France, étaient libres néanmoins d'en rester séparés pour leur constitution et leurs coutumes et franchises. Ce mémoire se terminait ainsi : « L'assemblée nationale de France doit respecter la liberté du royaume de Navarre. Les décrets de l'assemblée nationale, sa sagesse, les bases sur lesquelles elle les a posés, font entrevoir que le jour de la réunion n'est pas loin, où il n'y aura bientôt plus que des Français, mais il n'est pas encore arrivé ; la Navarre n'a pas consenti à cette réunion et l'assemblée nationale de France doit respecter ce consentement. »

La lettre dont Polverel avait accompagné son mémoire reçut, dit le *Moniteur*, beaucoup d'applaudissements, et le mémoire parut faire impression sur l'assemblée. Une discussion s'ouvrit sur le point de savoir si le titre de roi de Navarre ne serait pas ajouté à celui de roi des Français ; la question de la réunion de la Navarre resta en suspens, mais deux mois après elle était résolue par l'adhésion des Navarrais (1). Dès 1790, Polverel avait pris nettement parti. Membre actif de la Société des Amis de la Constitution (club des Jacobins), il y avait prononcé

---

(1) *Réimpression du Moniteur*, II, p. 47.

des discours, avait fait des publications qui l'avaient mis en vue (1), et il fut nommé accusateur public du premier arrondissement de Paris. Dénoncé à l'assemblée pour avoir négligé des poursuites au sujet de fabrications de faux assignats à Paris, à Londres et à Limoges, il fut suspendu de ses fonctions. Mais il demanda à se justifier, fit valoir son patriotisme en déclarant que lors de l'insurrection des 20-21 juin, il avait dû délaisser ses fonctions de magistrat pour courir à son poste de soldat et était resté 96 heures sous les armes. Il fut réintégré (2).

En 1792, l'assemblée législative résolut d'envoyer des commissaires civils à Saint-Domingue pour pacifier cette colonie, en proie aux plus affreux désordres depuis la Révolution. La guerre civile entre les blancs et les hommes de couleur y était au paroxysme. Port-au-Prince, Jacmel avaient été incendiés. Sonthonax, Polverel et Aillaud, nommés par le roi, partirent avec des pouvoirs dictatoriaux. Ils arrivèrent au Cap le 17 septembre.

---

(1) On connaît de Polverel : *Observations sur la sanction royale et sur le droit de Veto*, par M. de Polverel. Paris, imprimerie de Grangé (s. d.), in-8°. Pièce. — *Développement des Observations sur la sanction royale et sur le droit de Veto*, par M. de Polverel. Paris, imprimerie de Grangé (s. d.), in-8°. Pièce. (L'auteur est opposé au droit de Veto.) — *Opinion de M. de Polverel, membre de la Société des Amis de la Constitution, sur le mode de responsabilité des agents du pouvoir exécutif*. Paris, Baudouin, (s. d.), in-8°. Pièce. — *Opinion de M. de Polverel sur l'aliénation et l'emploi des biens nationaux et sur l'extinction de la dette publique, lue à l'assemblée de la Société des Amis de la Constitution le vendredi 25 juin 1790*. Paris, Baudouin (s. d.), in-8°. Pièce. — *Opinion de M. de Polverel sur la cour de cassation, lue à la Société des Amis de la Constitution le vendredi 16 juillet 1790 et imprimée par son ordre* (s. l. n. d.), in-8°. Pièce. — *Réquisitoire de l'accusateur public du tribunal du premier arrondissement de Paris (Polverel), et procès-verbal de l'ouverture du cadavre de Honoré-Gabriel-Victor Riquetti l'aîné, ci-devant Mirabeau, 3 avril 1791*. Paris, imprimerie de C.-F. Ferlet (s. d.), in-4°. Pièce.

(2) *Moniteur*, t. IX, pages 254, 262.

Aillaud revint presque aussitôt en France. Ses deux collègues vaquèrent à leur mission, mais le résultat en fut désastreux. Au début, ils combattirent avec succès les noirs soulevés dans le nord de l'île et soumirent Port-au-Prince, mais la discorde s'étant introduite entre eux et le général Gallaud, ils lui enlevèrent son commandement et celui-ci se mit en révolte avec ses troupes. Ils armèrent alors les noirs pour le réduire. En même temps ils avaient proclamé l'égalité civile en faveur des hommes de couleur libres, et s'étaient ainsi attiré l'opposition des colons auxquels ils appliquèrent les mesures les plus révolutionnaires, et contre lesquels ils excitèrent la barbarie des esclaves. En juin 1793, les commissaires entrèrent victorieux au Cap, où il se commit tant de cruautés que les habitants, quoique décimés, trouvèrent dans leur désespoir la force de chasser leurs tyrans. Mais les noirs reprirent bientôt après cette ville et l'incendièrent (19-23 juin). Les commissaires firent cause commune avec les esclaves, et le 29 août proclamèrent leur affranchissement. Il y eut dans cette période d'horribles massacres. Presque tous les blancs furent tués ou déportés. Un petit nombre de ceux qui échappèrent se retira dans les possessions des Anglais, ou recourut à la protection de ces ennemis de la France. Les Anglais s'emparèrent de Port-au-Prince. Les commissaires durent se retirer de l'île, et sachant d'ailleurs que leur conduite avait soulevé de nombreuses plaintes devant la Convention et que cette assemblée venait de les décréter d'accusation, ils rentrèrent en France.

Les colons survivants, les déportés envoyés en France, nourrissaient en effet les plus vifs ressentiments contre les deux commissaires. Dans le cours de l'année 1793, de nombreuses députations étaient venues dénoncer à la barre de l'assemblée leurs actes arbitraires, « leur tyrannie royale ». Dans la séance du 15 mars Bréant se porta leur accusateur; le 16 juillet il revint à la charge, fit contre eux un véritable réquisitoire et obtint un décret

Contraste insuffisant
NF Z 43-120-14

Illisibilité partielle

de mise en accusation (1). Après l'incendie du Cap, dans la séance du 3 septembre, Saint-André exposa l'état déplorable de la colonie, les massacres des blancs, inculpa Polverel et Santhonax de vouloir usurper le pouvoir souverain dans l'île..... et réclama l'exécution du décret d'accusation (2). Le 18 octobre, le *Moniteur* enregistrait la nouvelle suivante : « Les perfides commissaires Polverel et Sonthonax ont levé entièrement le masque. Les nègres de Saint-Domingue ont dû les proclamer rois. Cet infâme *duumvirat* s'est emparé, dit-on, des propriétés des colons qu'ils ont fait embarquer ou égorger (3). » Les dénonciations continuaient. L'opinion était écrasante sur le compte des deux commissaires. Dans la séance du 31 décembre leur mise hors la loi fut demandée (4). Le 28 janvier 1794 le *Moniteur* annonçait que leur parti à Saint-Domingue avait entièrement succombé, que Sonthonax avait été obligé de s'enfuir à Philadelphie, n'ayant échappé qu'à grand'peine à la rage des malheureuses victimes du Cap. Quant à Polverel, il avait été massacré par ceux mêmes qu'il avait trompés (5). Il n'est pas douteux que si les deux commissaires étaient rentrés en France avant le 9 thermidor ils eussent porté leur tête sur l'échafaud. Ils appartenaient l'un et l'autre au parti girondin, et Robespierre était en pleine puissance. Sonthonax était l'ami intime, le disciple de Brissot et de Condorcet; Polverel devait tout à ses confrères du barreau de Bordeaux. Ils faisaient preuve de courage en affrontant le jugement d'ennemis implacables. Mais les évènements marchaient vite en ces terribles temps. Les deux commissaires débarquèrent d'Amérique le 16 thermidor. Ils furent arrêtés, mais ils étaient sûrs, au moins de pouvoir se défendre.

---

(1) *Moniteur*, t. XVI, p. 400; XVII, p. 143.
(2) *Moniteur*, t. XVII, p. 559.
(3) *Moniteur*, t. XVIII, p. 129.
(4) *Moniteur*, t. XIX, p. 106.
(5) *Moniteur*, t. XIX, p. 313.

Polverel avait écrit à la Convention pour demander que ses papiers saisis fussent examinés, que sa conduite fût jugée pièces en mains. Dans la séance du 5 août, Bréant, jadis son accusateur acharné, se tourna en sa faveur, demanda la mise en liberté provisoire des deux détenus (1). Le lendemain, Sonthonax et Polverel purent aller se justifier au club des Jacobins où ils avaient laissé des amis (2). Toutefois ils n'étaient pas encore dégagés. Le sang des colons massacrés, la ruine des exportés traînant leur misère dans Paris criaient contre eux. Les dénonciations ne s'arrêtaient pas. Le 22 août, au nom des colons, Verneuil demanda justice à la Convention, dans un long discours d'une extrême violence : « Nous prouverons à la République entière, disait-il, que Sonthonax et Polverel, aussi méchants qu'atroces, n'ont fait égorger, déporter ou fuir les plus zélés défenseurs de la colonie que pour la livrer plus sûrement à l'ennemi ; qu'ils se sont appropriés les richesses de ce pays par les moyens les plus infâmes ; que loin de pacifier ces malheureuses contrées, ils ont entretenu la révolte de ces hordes sauvages qui depuis le commencement de la Révolution combattent pour le roi et pour la royauté ; qu'ils ont armé les citoyens de toutes les classes les uns contre les autres ; qu'ils ont fait bombarder la ville de Port-au-Prince et l'ont successivement imposée à trois contributions considérables ; qu'ils ont fait piller Jacmel et fait distribuer à chacun des dragons d'Orléans la somme de 1,800 livres ; que le 20 juin 1793 ils ont fait incendier la ville du Cap ; que les habitants de tout âge et de tout sexe, poursuivis par les assassins, armés par eux-mêmes, ont été tués ou mutilés sous les débris fumants de leur propre toit ; que plusieurs, pour se soustraire à tant d'horreurs, se sont donné la mort, notamment la femme Coste, qui après avoir vu égorger son mari, eut le féroce courage de

---

(1) *Moniteur*, t. XXI, p. 394.
(2) *Moniteur*, t. XXI, p. 490.

saisir les deux enfants dont elle était mère, lia le plus jeune sur son sein, jeta le plus âgé dans la mer et s'y précipita avec lui pour se soustraire aux cruautés de ces cannibales dégouttants de sang ; qu'ils ont ordonné la fouille de cette ville pour s'emparer des richesses qui pouvaient y être cachées et dont les sommes sont évaluées à 200 millions d'or ou d'argent ; que pour laisser la colonie sans aucune espèce de défense, ils ont voulu faire brûler la flotte de la République et ont donné dans tous ses ports les ordres les plus précis pour couler bas les vaisseaux de l'État qui s'y présenteraient ; que partout où ils ont porté leurs pas, ils ont été précédés ou suivis par la mort, le pillage et l'incendie...... (1). »

Ce n'est là qu'un mince extrait du réquisitoire de Verneuil, et encore n'épuisait-il pas les reproches qui pouvaient être faits à Polverel et à Sonthonax. Il ne parlait pas de leur rivalité dans l'exercice du pouvoir qui multiplia les collisions sanglantes, n'insistait pas sur leurs mesures de terrorisme ; il ne disait pas que Sonthonax avait la guillotine en permanence sous sa fenêtre ; que Polverel avait entassé dans les prisons, sans aucune forme de justice, 700 malheureux colons des deux sexes ; il n'allait pas jusqu'à traiter l'un et l'autre de brigands et de traîtres vendus à l'Angleterre, comme d'autres l'articulèrent (2).

L'information se poursuivait. Le 21 janvier 1795, la Convention ordonna que Polverel et Sonthonax seraient entendus contradictoirement avec leurs accusateurs. Sur ces entrefaites Polverel mourut (fin de 1794). D'après des renseignements contemporains sa succession ne fut même pas assez riche pour payer ses dettes, ce qui prouve que

---

(1) *Moniteur*, t. XXI, p. 566.
(2) V. l'opuscule : *Alexis Albert au C. Sonthonax. Sur la prise du Port-au-Prince par les Anglais l'an II de la République*. Paris, s. d., et les tables du *Moniteur* aux mots DESPARBÈS, MONTBRUN, RIGAUD, VAUDLANG, etc., etc.

les accusations de concussion portées contre lui étaient excessives. Sonthonax fut d'ailleurs en l'an IV déchargé de toute poursuite et renvoyé à Saint-Domingue, comme commissaire, par le Directoire.

En faisant le compte des passions du temps et des exagérations qu'elles entraînaient, on peut affranchir Sonthonax et Polverel des inculpations de trahison et de prévarication. Alexis Albert, qui ne les ménage pas, reconnaît leur probité et leur patriotisme et appelle Polverel « l'austère Polverel ». Mais ils méritent un jugement sévère sous d'autres rapports. Au fanatisme révolutionnaire ils joignirent une incapacité absolue sans principes de gouvernement, car ils furent d'abord pour l'esclavage et ensuite pour la liberté des noirs et toujours avec défaut de mesure; sans talents militaires, quoiqu'ils usurpassent le rôle des généraux, sans aucune expérience administrative, d'un caractère trop violent pour créer l'ordre et n'entendant partager ce soin avec personne; par leur ignorance, leurs maladresses, leurs rivalités, leurs excès d'injustice et de cruauté, ils ruinèrent et ensanglantèrent sans utilité la plus belle des colonies, et mirent les choses à un tel point que Saint-Domingue devait fatalement être perdu pour la France.

G. CLÉMENT-SIMON

www.ingramcontent.com/pod-product-compliance
Lightning Source LLC
LaVergne TN
LVHW050601090426
835512LV00008B/1282